对理想有责任，

对自己要真实！

王安石

毕宝魁◎著

读史衡世·名相篇

孤独的改革家 王安石

华中科技大学出版社
http://press.hust.edu.cn
中国·武汉

图书在版编目（CIP）数据

孤独的改革家：王安石 / 毕宝魁著. —武汉：华中科技大学出版社，2023.10

ISBN 978-7-5772-0127-6

Ⅰ. ① 孤…　Ⅱ. ① 毕…　Ⅲ. ①王安石（1021-1086）－生平事迹　Ⅳ. ① K827=441

中国国家版本馆CIP数据核字（2023）第195279号

孤独的改革家：王安石
Gudu de Gaigejia: Wang Anshi

毕宝魁　著

策划编辑：亢博剑
责任编辑：李　祎
责任校对：张会军
封面设计：VIOLET
版式设计：赵艳霞
出版发行：华中科技大学出版社（中国·武汉）　　电话：（027）81321913
　　　　　武汉市东湖新技术开发区华工科技园　　邮编：430223
印　　刷：天津中印联印务有限公司
开　　本：880mm×1230mm　1/32
印　　张：9.25
字　　数：210千字
版　　次：2023年10月第1版第1次印刷
定　　价：49.80元

　　这是我第三次写王安石传记，为一位传主三写传记，大概是不多见的。之所以如此，是因为前两本《王安石传》，尚未把王安石的内心世界以及坚持正义的可贵精神展示出来，尤其是没有把王安石在关于国家利益方面的坚定内心世界和严正立场全面展示，而我对于王安石这方面的认识是逐步加深的。近二三十年国际形势风起云涌，变幻莫测，这促使我想把王安石当年坚决维护国家利益的坚定立场和崇高精神表现出来。忽然，我的脑海中闪现出一个想法：王安石如同身怀绝世武功的大侠，面对当时的两个对手，他有绝对的底气和武功可以战而胜之，但他手无寸铁，且被剥夺上场的机会。这也许是历史的遗憾。

　　第一次为王安石作传，是应好友杨军先生推荐参与东方出版社的一套选题，花费大约一年时间交稿，出版后反响还不错，还被韩国买去版权。但当时我对王安石在国家核心利益上的可贵立场和精神没有认识，故在这方面着墨甚少。

2011年，国家项目"中国百位历史文化名人传记"丛书开始运作，受好友张洪溪先生推荐和作家出版社黄宾堂先生玉成，我申报的《王安石传》选题得以通过，于是开始二写《王安石传》。在写作过程中，发生中日钓鱼岛之争，我便注意到在此类问题上王安石的立场和作为，对于王安石的崇敬之情陡增几分。当年在中国传记文学学会关于司马光的学术讨论会上，我发言时便提到这个问题，会长万伯翱先生问我："宝魁，你说由钓鱼岛问题想到了王安石，是怎么回事？在大会上讲一讲。"在钓鱼岛争端上，我立即联想到王安石任职时期与契丹的争端。当年王安石的立场和态度可圈可点，他总能坚定地维护国家核心利益，而且非常理性。可能因这一点在第二本《王安石传》中有一定的体现，故此书出版后亦很受欢迎。但这一点并没有很突出，故心中尚有遗憾。

王安石变法过程中，一直到王安石身后，总有一批人在抹黑丑化王安石，对后世影响甚大。因此，突出表现王安石的历史作为，尤其是其在内政外交两个方面的丰功伟绩便是时代的新要求。首先要突出王安石在变法过程中坚忍不拔之精神，他敢于为天下基层百姓的利益而得罪权贵阶层，"为天下理财"，这种精神便具有挺起天下脊梁的伟大作用。其次便是他经营西夏，收复数千里领土，是两宋期间唯一的一次全胜。而面对契丹挑衅，王安石坚持寸土不让，坚持有理、有利、有节的立场，那种冷静的态度和藐视敌人且有理有据的外交策略，是值敬仰和歌颂的。

2022年元旦刚过，华中科技大学出版社邀我再为王安石作传，在体例与风格上给予极大的自由度，与我原本有再写王安石传记的初衷不谋而合，于是应允。我意欲写出一位有血有肉、立体的王安石，在内政和外交两个方面突出王安石的坚定立场和实际的作为，突出其在变法过程中面对既得利益集团的强大攻击而毫不退缩，与之针锋相对；突出他面对契丹的几次挑衅，都能坚定维护国家的核心利益，坚持有理、有利、有节的斗争策略。梁启超认为王安石是"完人"，是有道理的。

在写作基本完稿，全面修改校对的时候，世界局势动荡，而国家的核心利益和尊严则显得极端重要。这对于再一次深刻认识王安石的伟大有重要的启迪。诸君读书后便会认同我的观点。为此，我在最后修改的过程中对于这方面内容进行了微调。

用至诚之心去阅读历史，去思考古人，不虚美，不隐恶，不负故人，不诬古人。在历史的长河中，寻觅出伟大人物灵魂的光芒并将其展现出来，继续照亮我们现实的时空，为中华民族的伟大复兴提供精神的力量，这便是我三写王安石传记的初衷。

但愿本书的创作能够达到这个目的。

目录

第一章

君臣遇合

第一节　越次入对

　　王安石变法在中国历史乃至世界历史上都具有重大意义。推动这场极其深刻的全方位变革的主要人物是宋神宗赵顼和王安石，而神宗是起决定作用的，如果没有神宗坚定的决心和坚决的支持，变法是绝对不可能实现的。但如果没有王安石以天下为己任的高度社会责任心、极高的政治智慧与管理才能，也是绝不可能的。君臣二人都是这场伟大社会变革的主角，我们的故事便从两人的第一次见面写起。

　　熙宁元年（1068年）的春天，北宋王朝正处在充满机遇与挑战之际，第六位皇帝赵顼即位已一年多。这是一位勤奋好学、勤政爱民、具有开创精神的年轻皇帝。在两宋的18位皇帝中，太祖赵匡胤和太宗赵光义是创业之君，另当别论，而在继位传承的皇帝中，神宗是最有作为的。这一年他刚刚二十周岁，正是人生精力最旺盛的时期。

赵顼于庆历八年（1048年）出生，初名仲铖，16岁便随着父母入居庆宁宫，封淮阳郡王，改名顼。当时他已经是赵宋王朝的隔代储君了。治平元年（1064年），赵顼封颍王，虽未正式被立为皇太子，但从地位和身份来看都是皇太子的唯一人选，英宗皇帝也一直把他作为皇太子培养。

赵顼天生相貌非凡，聪明伶俐，酷爱读书，有时一边吃饭一边思考问题。他虽贵为皇子，却颇有礼貌，天性孝悌，对于僚属和老师都彬彬有礼，听讲的时候，正襟危坐，严谨恭敬。从他被封为淮阳郡王开始，一直到进封为颍王，韩维一直在他身边，职务是记室参军，也担任对他进行教育和指导的职责。韩维父亲韩亿在真宗朝便是大臣，仁宗朝当过参知政事，是一代名臣。哥哥韩绛和王安石、王珪是同榜进士，排位在王安石前，也是当朝名人，他的弟弟韩缜亦进士及第，大名鼎鼎。而他本人学识名望甚高，为人稳重识大体，赵顼特别信任他，事事都向他请教，而他也悉心指导。韩维是1017年生人，比赵顼大31岁，真的就是两代人，这师生二人感情深厚，相互信任。

经过学习，赵顼知道了先祖们当年曾有过要收复燕云十六州的雄心，但在多次与契丹的战争中都失败了。最后的结果是不但未能收复失地，反而因为战败后的城下之盟，每年还要向契丹进贡，乖乖地给敌国送去白花花的银子和上等的绢帛。这让他感到郁闷，便咬牙发狠要改变这种局面。富国强兵的念头在少年时期就深深扎根在这位年轻皇帝的心里。

他即位后，咨询众多老臣，综合各方意见，思考着这些问题。他在当太子时便知道王安石的名字，当年王安石所上万言书《上仁宗皇帝言事书》轰动朝野的情况他有所耳闻，后来便熟读这封长长的奏疏，从其中体会到王安石的苦心。但是他知道父亲在位时几次要重用王安石都被拒绝，他担心自己一旦下诏，王安石再封还诏书。于是他征求老师韩维的意见，韩维的哥哥韩绛与王安石是同榜进士，兄弟二人与王安石关系都很亲密，非常了解王安石。韩维断言，王安石是位想干大事且有社会责任心的人，如果陛下要重用，他一定会应允的。于是神宗下诏任命王安石出任江宁府知府，王安石接到诏书便欣然赴任。

经过几个月的考察和咨询，神宗皇帝对其他大臣如富弼、韩琦、司马光等可堪大任者都有些失望，对王安石的期待也就更加迫切。于是又一道圣旨，将王安石调任到朝廷，直接进入京师担任翰林学士。但翰林学士还没有单独觐见皇帝的资格，于是，神宗所下的诏书是"召翰林学士王安石越次入对"。所谓的"越次"，就是越级越等的意思。

不知是什么原因，在南宋大史学家李焘所编写的最为详细的史书《续资治通鉴长编》中，偏偏缺少神宗熙宁元年和二年的材料，这就使我们难以更详细地了解这对君臣初次见面时的情景。幸亏《续资治通鉴》中有一些记录，保存了神宗和王安石初次见面时对话的一些内容。

这一天是四月乙巳日（初四），风清日朗，宫廷院内花圃中的芍药花正在开放，花朵娇艳欲滴，仿佛一个个盛装打扮的美人在微笑着欢迎王安石的到来。

王安石心情愉快，他急切盼望见到这位朝野赞美的年轻皇帝。王安石知道，要想干成经天纬地的大事业，必须遇到明主。姜子牙和诸葛亮之所以成就千秋伟业，关键是遇到了明主。人生短暂，自己已接近知天命之年，现在的知识储备和人生阅历都很丰富，正是干事业的时候，是否能够遇到如周文王或刘备那样的明君呢？一会儿就可以感知了。

想到这里，王安石心跳加快，他知道今天的见面将是自己人生的关键点。怀着这样迫切的心情，他随来传唤的内侍走过一道道庄严的宫门，来到后庭的一个内殿。

行过君臣大礼，相互问候之后，谈话很快转入正题。这时，王安石才仔细观察这位久仰大名的年轻皇帝。只见神宗相貌不凡，气宇轩昂。

神宗问道："目前财政枯竭，国势衰微，边境不宁。朕要发愤图强，改变这种形势，使天下太平繁荣，当以何为先？卿要直言。"

王安石恭恭敬敬地抱拳回答道："当以择术为先。"

"何为择术？"

"即选择适于国情的制度和法规。"

"依卿所见，唐太宗如何？"

"陛下当效法尧舜，何必以唐太宗为榜样呢？尧舜之道，至为简要而不烦琐，至为精当而不迂腐，至为简易而不繁难。只是末世的学者，不能真正理解体悟尧舜之道的内容，就以为高不可攀。如果努力，尧舜之世也是可以达到的。"王安石非常自信地说。

神宗微微皱了一下眉，若有所思地说："王爱卿，你对朕的要求太高了。你说要以择术为先，可祖宗所制定的法规制度已经很全面了，还需要怎样改变呢？请王爱卿直言无妨。"

说完，神宗仔细地打量着王安石。只见王安石中等偏高的身材，四方形的脸庞，浓眉大眼，三绺不长的胡须分外疏朗，额头上均匀地横着几道不太深的皱纹，两个眼角的鱼尾纹很是清晰，面容刚毅，总是自然流露出一种深思的表情。

王安石略微思索一下，慢慢答道："祖宗制度法规虽全，可多年来朝廷政令松弛，文武百官多是苟且偷生之人，诚如方才陛下所言，现在的情况是财政枯竭，边境多事，百姓困苦，军队软弱。故各种制度法规虽有，却形同虚设。要想天下太平，必须一步一步来，要以理财生财，富国强兵为先。"

"理财生财，富国强兵？"神宗不由自主地重复了一遍。显然，神宗对这八个字非常感兴趣。这正是神宗内心期望的目标，如果真正能富国强兵，那么一切主动权便都掌握在自己的手中，再也不用看别人的眼色行事，不必卑躬屈膝地向契丹、西夏求和示好了。

"是的。必须要理财生财，富国强兵，这样才可以天下太平。"王安石坚定地一字一句地回答。

"可是，朕咨询过许多老臣，都反复告诫朕要遵守祖宗法度，万万不可随意改动，朕也一直在思考，祖宗的成法岂可轻易改变？老臣又说，祖宗守此法，而百年没有大事。朕感觉也有一定道理。这种情况，到底是为什么？请爱卿教我。"

神宗提出的疑问实际上是几位大臣在规劝神宗千万不要改弦更张时最常说也是最有力的理由。这也是他游移不定的重要原因，于是便把这道难题交给王安石，请王安石给予解答。如果说制度法规不合适，为何百年无事？这确实是个难以解释的问题。

听罢此话，王安石又皱了皱眉，思索一会回答道："陛下所问，是极其复杂的问题。这里既有制度法规的问题，也有人才任用的问题，还有天意。非臣三言两语可以解释清楚，请允许臣回去深思熟虑后写成奏章呈交御览。"

"可以。爱卿要翔实奏来。"

"臣遵旨。"

神宗和王安石对视一会儿，二人的眼神中都有很深的期许，神宗道："爱卿，朕想要尽快使国家富裕起来，振作起来，让朕的子民都过上安乐祥和的生活，让我们大宋强大起来。希望爱卿倾心助朕。"

王安石也深情地说道："陛下有如此雄心，是朝廷之福，是我大宋百姓之福。臣当倾心竭力，鞠躬尽瘁，死而后已。但现在积弊太多，需要时间一步一步进行。而且只要制度法规一有变动，就必然要触及一些阶层的既得利益，必将遭遇一些人的反对和阻挠，陛下要有思想准备，要下大的决心。"

"爱卿放心，为天下百姓计，为大宋江山计，朕决心改革变法。爱卿回去先把百年无事的缘由陈述一下，朕心中有数，也好应对宫中朝中的一些质问。"

神宗和王安石谈了一个多时辰，从古谈到今，主要议题还是如何解决目前的积弱积贫、国家财政年年入不敷出，以及经常受到契丹和西夏欺凌的问题。总之，内政外交都很棘手。王安石安慰神宗皇帝，不要着急，要抓住问题的关键，先解决内政问题，就是要理顺各种关系，先把财政情况改善，没有钱一切都无从谈起，打仗打的是实力也是钱，故第一件事是理财。神宗点头称是。

这时，太阳偏西，王安石告辞出来。

第二节 反思与憧憬

从皇宫出来，王安石的心绪一直静不下来。他感觉到自己这次应召而起是正确的选择。如果还像几年前那样封还诏书的话，恐怕就要错过千载难逢的机会了。走着走着，他便回忆起这几年发生过的事……

仁宗没有亲生儿子，他死后英宗继位。英宗赵曙是濮安懿王赵允让的第十三个儿子，濮安懿王是商王赵元份的儿子。如果说明嫡传辈分的话，要从宋太宗赵光义那里算起，才好理清。赵光义有九个儿子，老三是真宗，老四是商王赵元份。仁宗是真宗的儿子，濮安懿王允让是商王的儿子。仁宗和濮安懿王是同祖父的亲堂兄弟。仁宗身体不好，三十多岁也没有子嗣，就把濮安懿王的儿子赵曙抱到宫中抚养。赵曙五岁时，仁宗有了亲生的儿子，就把赵曙送回濮安懿王府。

可是，天公不作美，正如俗语所云，"严霜专打独根草"，仁宗的宝贝儿子夭折了。以后所有的嫔妃再也没有怀孕的。

英宗即位时已经三十二岁，是成年人，当然有自己的主见。可以说，他完全继承了仁宗的衣钵，而又不如仁宗仁慈。英宗即位后一切遵从旧制，什么也不想动，继续重用韩琦、文彦博、曾公亮等具有保守倾向的老臣，采用当年汉惠帝和宰相曹参的策略，也来个"萧规曹随"。但由于背景完全不同，故所取得的效果也就完全不同。

仁宗在位四十二年，前十一年是由刘太后摄政，后三十多年都是他亲掌朝政。仁宗优柔寡断，朝纲不整，吏治腐败。朝廷的政令难以畅通，各种法令制度形同虚设。土地兼并严重，贫富对立悬殊，国家财政空虚，外族不断入侵，人民起义此起彼伏，可谓内忧外患极其严重。在这种情况下，皇帝维持现状、不图进取只能说是无能，与"萧规曹随"不可同日而语。

英宗不思振作，众大臣采取保守的态度，整个朝廷和仁宗在位时一样，只是维持局面而已。在这种情形下，还能有什么作为呢？这时的中书舍人王安石闷闷不乐，也只能天天上朝处理自己的公务，不求有功，但求无过。这样倒也清静，可这样清静的日子也没过上多久，王安石家中又出了大变故。

这年八月辛巳日（十二），王安石的母亲吴氏老夫人在家中溘然长逝，享年66岁。王安石是大孝子，对母亲的突然离世非常悲痛。到朝廷报丧请假后，在家中设置简单的灵堂祭奠。

办丧事时，许多朝廷大臣、同僚、亲朋好友都前来吊唁。受王安石委托，好朋友曾巩为老夫人作墓志铭。宰相富弼多次派人前来慰问，或送钱物，王安石很是感动。

待"头七"过后，王安石把母亲的灵柩运回江宁故宅，设置了一个比较宽敞的灵堂，然后等候吉日入土，将母亲和父亲合葬。

灵堂在西面厢房，里面铺一些谷草，谷草上面再铺一个草垫子，上面有简单的褥子和被子。王安石和几个兄弟轮班守候在母亲的灵柩旁。一般来说，晚上都是王安石在这里，一边守着灵柩里的母亲一边读书思考。

多日的悲伤和应酬让已经四十多岁的王安石非常疲惫，他面容憔悴，胡须比较长，衣服也不整洁，但精神头还行，记忆力不减。

这天黄昏，王安石坐在草垫铺的地铺上看书。忽然风风火火进来一个人，王安石一看，是送快信的"急足"。"急足"是宋代一种职业名称，指专门送快信的人，类似现代的"特快专递"快递员。范仲淹在《与中舍书》中说："某拜闻中舍三哥，急足还领书，承尊候已安，只是少力。"可见当时专门有这种送信之人。

原来是王安石的好友潘夙新近到荆南做官，派人给王安石送来亲笔信。这位"急足"见王安石坐在地铺上，衣服陈旧，面容消损，以为是护院的家丁，便招呼道："老院子，快把这封信给中书舍人送进去！"完全是命令的口气。

王安石立即站起来，一看信封，见是老朋友送来的，马上就拆。

送信人一看，急了，大声叫道："舍人的信院子怎么就敢拆开看，你的胆子也太大了！"王安石也不理睬。那送信人大呼小叫，外面的仆人进来制止道："你嚷嚷什么，这位就是舍人大人！"

那送信人瞪大眼睛看着，愣了一会儿，也不道歉，急忙退出去，到院子里还连忙说："好舍人！好舍人！真是好舍人！"

王安石对新君英宗多少有些失望，何况自己又是居丧期间，尽量避开是非，故不过问朝廷之事。但他毕竟是颇有济世之心的热血男儿，京师来人一谈到朝廷大事时，他又常常忧心忡忡。尤其是在治平二年（1065年）春天所发生的几件事，更使王安石深感忧虑。

英宗登基后，不但不思振作，而且亲小人远贤臣。这从王广渊和蔡襄的一进一退就非常明显地表现出来。

王广渊是英宗在藩邸时的一个弄臣，不学无术，专会阿谀奉承，遭到人们的鄙视。可英宗登基后，却硬把他安排在直集贤院的重要位置上。知谏院司马光和参知政事欧阳修都直言上书，言辞激烈，尖锐地指出这样做会使天下士人丧失廉耻之心。但英宗还是坚持这样安排，二人也没有办法。

蔡襄字君谟，仙游（今属福建）人，是朝野闻名的大名士，进士出身，忠正耿直，品学兼优，尤其擅长书法，为当世第一书法家。北宋书法家以"苏黄米蔡"并称，四人中，他的辈分最高。他是1012年生人，比苏东坡还大24岁，而苏东坡比黄庭坚和米芾都大。当他的书法作品闻名海内外的时候，另三位书法家还没有出名。

据史料记载，他的书法作品在辽国也是价值连城。蔡襄本人极其耿直，曾出任过知制诰之职，当仁宗皇帝任命官吏或大臣有所不当的时候，他就把圣旨的辞头封上退回去，不肯起草诏书。多亏英宗登基后他不在知制诰的职务上，否则，他非遭重谴不可。尽管如此，他还是遭到了意想不到的打击。

英宗登基不久，就相信起邪门歪道来，经常在深宫中做法事而不临朝。嫔妃近侍之人终日蛊惑他，说他当皇帝，朝廷内外都有人反对，风言风语中好像是蔡襄就曾经反对过。又有人说蔡襄曾经写过这方面的东西，在京师里流传。可能是蔡襄曾经得罪过英宗身边的一些佞幸小人，所以，那些人都向英宗进谗言。有人说在宫中看到了蔡襄写的反对英宗继承大统的文章。一个人说看到过，几个人出来证明，英宗就信了。他找来宰相韩琦和参知政事欧阳修，提出要把蔡襄赶出朝廷，到外地去做官。

韩琦和欧阳修都不同意，便问英宗是什么理由，英宗把他听到的情况说了。韩琦和欧阳修问英宗皇帝是否亲眼看到那篇文章了，英宗说虽未亲眼看到，可内侍们说得真真切切，可能是真的。韩琦和欧阳修均提出异议，他们俩各举出一个不久以前发生的事为例证，说明不要说没有亲眼看到文章，就是亲眼看到了，也要仔细甄别，以免有人蓄意陷害。

韩琦所举是发生在庆历七年（1047年）的事。当时，枢密使夏竦想要陷害宰相富弼，让他府中一名聪明而擅长写字的婢女模仿富弼的笔迹，一段时间后模仿成了，写得非常像，几乎可以乱真。富弼有一个很密切的朋友叫石介，已经在两年前死去。而夏竦让那名婢女模仿富弼的笔迹用富弼的名义给石介写了一封信，信的内容是要进行废立大业，废掉仁宗而另立他人，让石介到辽国去请求外援。通过一番安排和造假，这封信被枢密院的人截获，呈交御览。

仁宗一看此信，特别气愤，这可是大逆不道之事。但他冷静一想，认为此事很蹊跷，有很多疑点，故未马上处理，而是交给大理寺去调查。由于笔迹相似，案子很棘手。可是，石介已死，怎么调查也是真死了。后来经过具体负责此案的提点刑狱吕居简一再辩护，又经过专家确认，认定那封危言耸听的信是有人模仿富弼笔迹假造的，这才避免一场大狱，富弼避免一死。仁宗还算仁慈，对造假之人夏竦没有追究。

欧阳修所举是自己的亲身经历。过了很久之后，欧阳修一讲起来还觉得毛骨悚然，非常气愤。欧阳修守母丧归来，格外受朝廷重用，被派到吏部去权判铨选，也就是任命安排官员。他看到许多权贵子弟不排号，不断地走后门挤掉那些没后台的普通官员，极其不合理，就写奏章要求禁止这种现象。这就得罪了一大批权贵，有人就模仿欧阳修的笔迹语气写了一封要求仁宗大肆裁汰抑制内官的奏稿，并偷偷送到宫中，在内侍们手中流传，内侍们恨得牙痒痒。同时外面的一些权贵再进谗言。欧阳修见情况太危险，只在此职上干了六天就坚决要求改换了职务。欧阳修给王安石安排官职就是那个时候的事。

这两件事就发生在仁宗朝，人们记忆犹新。韩琦、欧阳修二人讲完这两件事后一再说明蔡襄可能是被冤枉的，是有人蓄意诽谤和陷害。英宗反驳道："无风不起浪。即使是诽谤和陷害，那为什么要诽谤陷害他而不是别人？"韩琦和欧阳修虽然有些生气可也不敢表现出来，只是坚持为蔡襄解脱辩白。英宗也知道自己有些理亏，见二位老臣又不退让，也不好再坚持，就闷闷不乐地一挥袖子让二位退下。

也是蔡襄倒霉。几天后，蔡襄就开始请朝假，即不参加早朝，但白天照常上班处理工作。连续三天，英宗就发怒了，下朝后又召见韩琦和欧阳修，气冲冲地问他们俩："蔡襄究竟是怎么回事，为何连续不上早朝？三司使如此繁忙，蔡襄却如此延误怠惰，岂不耽误军国大事？"当时蔡襄正在三司使任上，这是主管全国财政经济的重要职务，政务确实非常繁忙。二人回答说，蔡襄一向忠于职守，工作勤勤恳恳，最近几天是因为他八十多岁的老母亲病重在床，需要请医抓药，晨昏服侍，所以请了朝假，但白天照常上班工作，三司使工作处理得井井有条，没有过错和闪失，没有办法处理，也不应当处理。英宗余怒未消，但找不到太恰当的理由，就一甩龙袖说："你们二人退下吧。反正我看蔡襄不称职，给他换个职务吧！"

韩琦和欧阳修退出内廷，商量一下，看来不动蔡襄的职务是不行了。如果再保蔡襄，可能就会害了蔡襄。为了避免蔡襄再被暗算，让他避一避风头，二人商议，干脆让蔡襄出任杭州知州离开朝廷算了。于是向英宗提出此方案，马上得到批准，蔡襄就这样被赶出了京师。

听到这些消息，王安石很压抑。没有想到，就在他为母守丧期将满的时候，京师方面又传来令人吃惊的消息。原来是朝廷出现"濮议"，即关于英宗生身父亲的陵寝和称谓问题，朝臣中出现两派，闹得不可开交。韩琦和欧阳修都受到激烈的人身攻击，欧阳修坚决要求外任而离开了汴京。

到治平二年（1065年）七月，王安石守丧期满。在守丧期间，许多朝廷大臣和亲朋好友前来慰问或吊唁，除前文提到的富弼之外，宋庠、张弇等也非常殷勤，好朋友曾巩先后来了三封信，情意非常殷切，慰问之外，还与王安石谈论许多朝野之事，使王安石颇受感动。

守丧期刚满，七月二十七日，朝廷就发来札子，要求王安石赴阙，回朝廷任职。但王安石没有同意，写《辞赴阙状》婉言谢绝。几日后，朝廷又发第二道札子，王安石又一次写状婉言谢绝，不肯赴阙。几日后，王安石又封还了第三道札子，并写第三封《辞赴阙状》，表达对朝廷和执政大臣的感激之情，并说明自己需要在家中静养一段时间，等身体恢复后再赴京任职。

王安石之所以这样做，一是因为过于悲伤而身体确实不好，二是因为听说朝中很混乱，而英宗又不如仁宗宽厚仁慈，对英宗有些缺乏信心，对政事有些厌倦，故三次写状婉言谢绝。

丧服已除，又不回朝任职，王安石也不能无所事事，就在家乡开馆授徒，当起教书先生来。这可能是他一直想要培养人才的一种尝试，客观上也为他日后领导变法时进行教育制度和科举制度的改革提供了经验。南宋大诗人陆游的爷爷陆佃以及龚原、蔡卞、李定、郑侠等人都是他在这一时期里收的学生。这些人在他日后进行变法时，都曾经起过各种不同的作用。他的大部分学术性很强的论文也都是在这一时期完成的。"荆公王学"主要的传布便是在这期间。关于这一点在后面将专门阐释。

王安石讲学的内容，基本思想是儒家经世济民的宗旨。他注意把儒家思想与社会现实结合起来进行教学，更注意将学问转化为实际的能力。王安石一生非常强调知识对于人生和社会的指导作用，认为空洞的学问一文不值。

治平四年的春天对于王安石来说，是个最有意义的春天。正月，坐上皇帝之位还不到四年、年仅三十六岁的英宗赵曙驾崩，其长子神宗皇帝登上舞台……

王安石一边思考一边走路，忽然一抬头，发现到家了。

回到家中，王安石仔细回味着白天和神宗的对话，感到一阵阵的激动。他看得出来，这位新君年龄不大，却精明强干，有汲汲求治之心，这是改变目前国家衰颓之势，振兴国威的前提。皇帝的担心是有道理的，这是一个必须认真思考且需要慎重回答的问题。于是，晚饭后，他便一个人坐在书房里，边想边写。有时，写到兴奋之处，还不由自主地激动一会儿，待心情平复下来再接着往下写。写完之时，已是五更天，东方露出了鱼肚白。

王安石所上的这篇奏章即《本朝百年无事札子》。文章开头说明写作此文的缘起："臣前蒙陛下问及本朝所以享国百年，天下无事之故。臣以浅陋，误承圣问，迫于日晷，不敢久留，语不及悉，遂辞而退。窃唯念圣问及此，天下之福。而臣遂无一言之献，非近臣所以事君之义，故敢昧冒而粗有所陈。"

宋朝从960年建国，到熙宁元年（1068年），已经是第109个年头，这里说百年，是取整数而已。接着，王安石用十分精练的语言概括分析了百年无事的原因。这就是北宋王朝是在五代战乱基础上建立的，人们久经战乱的折磨，均渴望和平。太祖赵匡胤代周自立后，以雄才大略统一天下。其后，偃武修文，措施得当。朝廷又不惜金银财帛而和辽国、西夏缔结合约，基本维持休战的状态。真宗、仁宗、英宗又都是守成之君，所以才维持百年没有大的变故。接着，王安石笔锋一转，尖锐指出：

> 然本朝累世因循末俗之弊，而无亲友群臣之议。人君朝夕相处，不过宦官女子；出而视事，又不过有司之细故。未尝如古大有为之君，与学士大夫讨论先王之法，以措之天下也。一切因任自然之理势，而精神之运，有所不加；名实之间，有所不察。君子非不见贵，然小人亦得厕其间；正论非不见容，然邪说亦有时而用。以诗赋记诵求天下之士，而无学校养成之法；以科名资历叙朝廷之位，而无官司课试之方。……故上下偷惰，取容而已；虽有能者在职，亦无以异于庸人。农民坏于徭役，而未尝特见救恤；又不为之设官，以修其水土之利。……其于理财，大抵无法，故虽俭约而民不富，虽忧勤而国不强。赖非夷狄昌炽之时，又无尧汤水旱之变，故天下无事，过于百年。虽曰人事，亦天助也。盖累圣相继，仰畏天，俯畏人，宽仁恭俭，忠恕诚悫，此其所以获天助也。

多年来朝廷一直因循守旧，吏治不清，君子小人杂用，邪正不分，是非不明。农民困苦，国家财政困难，虽然历代国君都俭约忧勤，但国家日益贫穷。文章先扬后抑，尖锐地指出了当时整个社会混乱贫穷的现状。最后，王安石鼓励神宗说："伏惟陛下躬上圣之质，承无穷之绪，知天助之不可常恃，知人事之不可怠终，则大有为之时，正在今日。臣不敢辄废将明之义，而苟逃讳忌之诛。伏惟陛下幸赦而留神，则天下之福也。取进止。"王安石对神宗寄予无限的希望，他怀着殷切的心情把这封言辞恳切的奏章呈了上去。

其实，说"百年无事"很明显是那些大臣劝谏神宗不要改革的借口和说辞，因为宋辽之间没有战争是从澶渊之盟开始的，而澶渊之盟是在真宗景德元年（1004年）签订的，应该从那时为起点进行计算，其实就六十多年，根本不是百年。我们再看看当时神宗身边的这些重臣的年龄，便可以知道神宗为何很谨慎了。

当时声望高的大臣首推富弼、韩琦，这两个人在仁宗晚年执政，仁宗曾经重病一段时间，韩琦和富弼轮流在朝中值班，决定和处理一切急务，而不准后妃和宦官插手，保证不发生意外。提醒仁宗早日确定接班人的也是韩琦和富弼，正是这两位识大体而持重的大臣保证了英宗的继位。在濮议中，韩琦是执政首相，欧阳修是参知政事，即副宰相，他们俩理解并支持英宗的意见，避免英宗的尴尬和更大的风波。而在英宗临终前，也正是韩琦的持重果断，才避免横生枝节，使神宗顺利接班。这些事情，神宗都很清楚，对于富弼、韩琦自然极其器重倚靠。

我们再看看当时这些重臣和神宗的年龄，便更能理解这位年轻帝王在用人方面的难处了。这一年是1068年，神宗是1048年出生，20周岁；富弼是1004年生，64周岁；韩琦是1008年生，60周岁；欧阳修是1007年生，61周岁；司马光是1019年生，49周岁；王安石是1021年生，47周岁。这些重臣中，王安石最年轻，但也比神宗大27岁。这五位大臣都是颇有性格且有主见的人，他们的意见又不统一甚至对立，这就要求神宗自己去选择决断。这对于20岁的年轻皇帝确实是巨大的考验。

第三节　考察

这一时期，王安石依旧在翰林院任翰林学士。他刚到翰林院不久，司马光也被任命为翰林学士。这两位早就在一起工作过且相互倾慕的大学士再一次担当同一职务。十多年前，王安石第一次到朝廷任职，就和司马光在一起。当时二人同任群牧判官之职，还共同出席过群牧司使包拯摆设的宴席。如今，二人又走到一起。也不知是神宗的有意安排，还是上天在冥冥中别有寓意，一定要让这两个极有个性的人在一起。

我曾仔细思考过这种情况，认为应该是神宗的有意安排，因为只有让同等水平的人处理同样的事，才能比较两个人的实际能力。神宗赵顼虽然年轻，但读书勤奋，历史知识已经很丰富，又向富弼、韩琦、文彦博等多名大臣咨询过治国之道，一直在寻找一位有能力有担当、与自己志同道合的大臣。

神宗赵顼是位有大志的帝王，他即位之后，首先面临的问题便是严重的财政危机，近几年连续入不敷出，府库空虚。大臣张方平奏章里的话时常出现在他的脑海中："方今至要，莫先财用。财用者，生民之命，为国之本。散之甚易，聚之实难。财用不足，生民无以为命，国非其国也。"最后两句曾多次出现，神宗最关心的便是国计民生，他确实是位好皇帝。因此他不能无限期等待，他需要尽快改变现状。

此外，神宗还有一层更深的忧虑和愿望，是他时刻难以忘怀的深深的隐痛，那就是朝廷对于辽国和西夏长期妥协求和，实际就是投降屈膝，向两国上贡。有一次和大臣谈话时，谈到了太平兴国四年（979年），宋太宗御驾亲征与契丹作战，在燕京城下大败而逃。神宗无比沉痛地说："太宗自燕京城下兵败，被北虏穷追不舍，仅得脱身，所有随身携带的服御宝器、随从宫嫔全都被抢走，太宗腿上连中两箭，箭疮岁岁必发，最后竟因此而去世。此乃不共戴天之仇。如今却年年捐银输帛数十万，并尊北虏之帝为叔父，为人之子孙者，应该这样做吗？"说罢泪流满面，大臣也都陪着悲泣。由此可见，富国强兵，改变被敌国欺侮的地位，这种思想已经深深扎根于这位年轻的帝王心中了。

可以推测，对司马光和王安石的这种安排，神宗是有一定用意的。经过一年多时间的考验和观察，神宗想在二人中选择一人委以大任，协助自己来进行大规模的社会改革。他发现，这两个人都学识渊博、品行端正、清廉自守，都有担当精神，而且都不到五十岁，正是年富力强的时期。

王安石曾经把夫人为他买的妾打发回去，等于白送给人家九千缗钱。这件事当时就在社会上流传开来，士大夫们对王安石的这种风范给予极高的评价。神宗当然也有所耳闻。

司马光也有一件类似的事。他年轻时，曾在太原府担任通判，知府是著名的颍国公庞籍。司马光结婚已几年，夫人却没生孩子。庞籍的夫人和司马光夫人一商量，怕影响司马光的后嗣，没征求司马光本人的意见就给他纳了一个妾。夫人怕有自己在，司马光拘束，就故意回娘家躲开。

司马光吃完晚饭，处理完事情，便回内室休息。可一看，夫人不在，一名打扮漂亮的陌生年轻女子含情脉脉地坐在床边，忙问是怎么回事。妾把夫人的安排和意思说了一遍。司马光和颜悦色地劝慰那女子，请她暂时到别的房间去，并说明天就派人把她送回娘家，由她自行嫁人，卖身钱全部赠送。这件事在士大夫们中也传为美谈。

神宗认为司马光老成持重，适于守成；而王安石有胆识有魄力，适于开创新局面。如果这两个人能精诚合作，是最理想不过的了。但他也发现，在治国方略方面这两个人的意见又水火不容，不可能合作。故在一段时间里，神宗皇帝犹豫不决。他还要考验一下二人处理实际问题的能力。

秋季，河朔地区遭灾严重，国库极度空虚，钱财匮乏。宰相曾公亮上表请示，请求今岁秋郊免去以前对两府官员赏赐的惯例，以节省国家钱财。宋朝对官吏的待遇比较优厚，每有朝廷典礼，对各级官员都有数目不等名目繁多的赏赐。两府是指中书省和枢密院，即宋代主管行政和军事的两个最高的职能部门。曾公亮的表章送学士院取旨，等候批复。因为圣旨是由翰林学士起草的，所以无论什么重要的表章都要经过翰林学士们过目，经过翰林学士们讨论同意后请皇帝批准才能动笔写诏书。

　　见到这份表章，王安石和司马光又产生了不同意见。当时神宗皇帝也在场。

　　司马光说："救灾节用，应当从贵近开始，可以听从两府辞去赏赐的意见。"

　　王安石不同意司马光的意见，反驳说："从前常衮辞堂馔，时议认为常衮如果觉得自己不能胜任，就应当辞去官位，不应当空享俸禄。何况国用不足，也不是当今最紧急之务。"

　　常衮是中唐之人，为人谨小慎微，但无治国安邦之能，代宗朝曾以门下侍郎同平章事，出任宰相之职，只知节俭，主动辞去堂馔的待遇。所谓的堂馔，是唐朝赐给宰相的一种生活待遇，即每日中午，几名宰相在政事堂吃一顿午饭，一方面是便于宰相们联络感情，另一方面也是工作需要，因为当时宰相要到午后才能回家。当然，这顿饭的费用由公家报销，不用宰相们个人掏腰包。

　　在元载因为贪污被处理后，常衮更加小心，为表示自己的清廉，他主动提出免去堂馔，或由自己掏腰包，不再花朝廷的钱。此事提出后，遭到很多大臣的反对，有人对他进行冷嘲热讽，说，如果知道自己不称职，就应当辞去相位，不应当空享俸禄，只辞去那么一顿饭算什么？

但无能只是常衮的一个方面，他确实是个儒雅君子，为人之道很可取。唐德宗把他贬为潮州刺史。后来他又担任福建观察使。潮州地区非常落后，他到任后，建立学校，大抓文化教育，对这一地区文化教育事业的发展做出了不可磨灭的贡献。

王安石的意思是两府的当务之急是整肃朝纲，提高工作效率，尽快改变朝政混乱的局面，尽快解决财政困难的问题，只辞去点赏赐之物算不得什么，所以才说了上面的话。

司马光听王安石反驳自己，马上接过去说："常衮辞禄，也贤于那些持禄固位的人。何况国用不足，确实是当务之急。"

神宗看看二人，默默地听他们俩争论，一言不发。

王安石接着说："国用不足，不是当务之急。国用之所以不足，只是因为没有得到善于理财的人而已。"

司马光马上不服地说："您所说的善于理财的人，不过是善于聚敛搜求以穷尽百姓的钱财而已。百姓穷困不堪就要为盗，这不是国家的福分。"

王安石反驳说："我说的不是这个意思。善于理财的人，不增加百姓的赋税也能使国用充足。"

司马光又反驳说："天地所生的财货万物，是有一定数量的。不在百姓手里，就在官府里。譬如天降雨水吧，夏天涝了秋天就必定要旱，因为雨水是有一定数量的。"

"天生财货并无定数，只要法规制度得当，措施得力，就可以发展生产，多生产财货，不加赋税完全可以使国用充足。"王安石坚持自己的观点。

"您所说的不加赋税而国用足，不过是设法暗中侵夺百姓的利益，这种办法的害处要比公开增加赋税大多了。这分明是当年桑弘羊欺骗汉武帝的话，司马迁在《史记》上特意记录下他的话，可见这些话是不明智的。"

司马光的话很不友好，已把王安石比成桑弘羊。桑弘羊是西汉时期的大臣，在发展经济方面颇有建树。但很长的历史时期中，在正统文人眼里，他一直是只知理财不懂礼法的反面人物。王安石见司马光的话有些过头，便有心要再进行反驳。这时，神宗说话了。

"两位爱卿不要争论。在节用辞赏这个问题上，朕同意司马大人的意见。但王爱卿说的也不无道理，此次就依从王爱卿意见，驳回他们关于辞赏的请求，就这么定了。"皇帝的话是金口玉言，谁敢不听。而这一天，翰林学士中值班执笔的又是王安石，所以，就这样做了批复。

神宗的意见带有折中的性质，他在理论上支持司马光，而在实际行动上又支持了王安石。他那么做，一是给司马光面子，二是同意司马光"国用不足为当务之急"的观点。

司马光所说的国用不足，在当时确实成为朝廷的燃眉之急，少发点赏赐虽然起不了什么大作用，但节省用度是当时缓解国用不足这一矛盾的最有效的良方。宋朝建国以来，在宋太宗时建立内藏库，作为皇帝宗室内部的钱财收藏库，有皇帝自己支配的特殊经费的性质。里面收藏有金银布帛、珍珠玛瑙、奇玩古董等各种宝物，供皇宫内院支出，皇帝对大臣的赏赐也从这里支出。

自从设立此库以来，进库有账，出库账目却不清。任凭一些小内侍进去支取，一百年来从未清点过库存，只凭账面上的记载来进行估计，故神宗对内藏库究竟有多少储备心中没数。神宗命有司清点库存。结果与账面所记出入太大，库存金银宝物等已非常有限。这更使神宗忧心忡忡。

在这次争论之前，神宗曾交给司马光一项任务，命他牵头置局看详，裁减国用制度，仍取庆历二年的数目，凡与今日开支不同的，详细开列出清单来。然后逐项进行裁减，务必把国用开支压缩下来。其实就是以庆历二年的国用开支为参照，详细制定来年的国家财政支出的预算。

数日之后，司马光说："国用不足，主要在于用度太奢，赏赐不节，宗室繁多，官职冗滥，军旅不精，陛下必须与两府大臣以及三司使官吏共同谋划，还要经过相当长的时间，经过许多岁月，方可奏效，不是微臣一朝一夕所能裁减下来的。"神宗听后，大失所望，因为司马光的话等于没说，这一点不用他说，神宗早就明白。神宗把这件比较棘手的事交给司马光去做，一是当时的急需，二是考验一下司马光处理具体事务的能力和胆识。

神宗心里明明白白，国用冗费，贵族奢靡已非一朝一夕，压缩经费开支决非一般小事。多年的习惯已经养成，而且凡是开支浪费之处，都是有来头的。不是皇亲国戚就是王公权贵，对任何一方面的经费进行压缩都要面临极大的阻力，甚至说有一定的风险，这是一个得罪人的差使。

司马光连一点具体的意见也没有拿出来，或许是由于他确实缺少谋划这种全国性大预算的本领，或许是由于他老奸巨猾，怕得罪人。不管是什么原因，司马光没有为神宗分忧，这令神宗非常失望。神宗急需解决具体问题，而不是听说教。

在两府主动请求辞去赏赐时，司马光之所以说节省用度是当务之急，也与这件事有关，他理解神宗现在最为头疼的就是财政严重匮乏的问题。因此司马光一说国用不足为燃眉之急，神宗便有同感。但神宗对王安石的意见也听得明明白白，理解王安石的深层含义，故最终还是采纳了王安石的意见。从这件事可以看出神宗对王安石已开始器重了。

在司马光和王安石争论的时候，神宗一直不打断，就是想让两个人把话都说完，他是非常聪明的，他听出了两个人的话外音。司马光主张节约，维持现状。王安石主张开源，理财生财是关键。两相比较，无疑王安石的观点更有实用性和前瞻性。

这场争论过后，司马光和王安石在如何处理国政、如何治理国家的大政方针上的分歧已非常明显。神宗想要同时重用两人的愿望看起来已难以实现。这就给还很年轻的神宗出了一道难题，促使他非要在这二人之中选择一位不可，尽管他很不情愿，但也只能如此。

第四节　抉择

自越次入对后，神宗便一直非常重视王安石。就在王安石把他连夜写成的《本朝百年无事札子》呈交的第二天，神宗又单独召见王安石。

神宗说："朕昨晚详细阅读了爱卿的章奏，仔细思考你的意见，都很深刻而实际。爱卿所详细陈列的各条失误，务必一条一条详细规划，试为朕策划设施之方略。"

王安石立即回答："马上就一条一条规划出来有困难，这也不是三言两语就能说清楚的事。请陛下能以讲学为事。在讲学中这些道理自然就可以讲解清楚。道理既明，则策划设施的方略也就自然清楚明白了。如此复杂的社会问题，需要一点点厘清。"

神宗采纳了王安石的意见，每隔两三天，神宗就安排几位饱学硕儒到迩英阁中讲经论道，研讨一些理论问题和怎样治理国家的问题。至于谁来主讲，由神宗指派。神宗每次都到场，虚心听讲，有时还提出一些实际问题与讲学先生或听讲的人共同讨论。

这天早朝后，由王安石主讲《礼记》，王安石对前人的一些讲解注释提出不同意见，得到听讲人的普遍赞同。讲解完毕，神宗命王安石留下单独谈话。这是神宗和王安石的第三次单独谈话，内容又深入了一层。

其他人刚刚退出去，神宗就有些迫不及待地说："朕想再听听卿的议论。"

王安石说:"臣愿尽微言。

"古代圣明君主,必得贤臣而后才可天下大治。唐太宗必须得到魏徵,刘备必须得到诸葛亮,然后才可以大有作为。

"陛下如果确实能成为尧、舜,那么就一定会有皋、夔、稷、契。陛下如果确实能成为高宗,那么就一定有傅说。那两位君主,有什么值得称道呢?这么大的天下,常患无人可以帮助治理天下,就因为陛下择术未明,推诚未至。虽有皋、夔、稷、契、傅说之贤人,也将会被小人所蒙蔽,不得施展才能而郁闷离去。

"什么时代没有小人呢?即使是尧、舜的时代,也不能避免有四凶啊!能够辨别出四凶而且诛杀他们,这就是尧、舜成为尧、舜的原因。如果使四凶在朝胡作非为,谗害忠良,那么皋、夔、稷、契亦绝不会终身苟食其禄。"王安石说得非常肯定。

"说得好!说得好!"神宗连连点头表示同意。君臣的想法越来越接近,两人的谈话越来越投机。

我们仔细分析君臣的对话,王安石的意思是说国家政治是否清明的关键在于天子,天子如果能够是非分明、辨别忠奸而立场坚定,那么一切奸人便都无法兴风作浪。王安石的话寓意很深刻,其实就是提醒神宗要明辨是非,处理军国大政要有主见而不能优柔寡断。

这一天是十月壬寅日(初九),四天后的丙午日(十三)是由司马光主讲。讲学结束后,神宗留下司马光,向他询问富民之术。司马光回答说："富民之术，关键在于得人。直接管理百姓的是县令，要知道县令是否贤良，莫若知州；要知道知州是否贤良，莫若转运使。陛下只要慎重选择好转运使以上的朝廷大员，使转运使掌握督察知州的政绩，使知州掌握督察县令的政绩，何愁百姓不富裕？"神宗默然，没有表态。很明显，司马光的意见不具体，是老生常谈的大道理，在解决具体问题上没有任何实际的意义。神宗需要的是具体的策略而不是空洞的道理。

神宗与王安石和司马光分别谈话，就是在考察二人对于治理天下的实际能力。每一次谈话后，神宗内心的天平就向王安石这面倾斜一些。不久，真正考察二人思想和能力的事情又出现了，而且是大的考验。

这件事是一位特别有性格之人造成的，这个人就是王韶（王子纯）。实际上他是北宋中叶一位名将，所建立的功业也极为崇高和重要，但历史的尘埃已将其厚厚掩埋，令人惋惜。因为他是王安石坚决支持和提拔的人，所以他人污蔑抹黑或虚化王安石的过程中，自然把他的历史功绩也抹杀了。这是极不公平的。

这时，王韶到京师向枢密院投书，献《平戎策》三篇，提出一套平定西北的策略。

王韶曾参加制科考试不中，一气之下客游陕西，专门进行实地考察，采访调查少数民族的风俗人情，对这一地区的情况了解得特别清楚，所上的《平戎策》特别有分量。

神宗看后，为之所动，交给司马光和王安石看，并让他们各自提出自己的意见。王安石认为这三篇文章有分量、有道理，是从实际出发，朝廷可以考虑这件事，但一定要非常慎重，千万不可轻易用兵，只能暗中准备。

司马光则认为现在万万不可谈论用兵，不可谈论边事。这不是采纳不采纳的问题，干脆就不应该讨论。司马光与富弼的意见一致，即请神宗"二十年口不言兵"。应该说，当时的主要大臣多数是主和派，其实就是投降派。最后，神宗采纳了王安石的意见，任命王韶为"管勾秦凤经略司机宜文字"。从这件事看，神宗是一位有主见，有进取心的年轻帝王。

我曾经仔细思考神宗的抉择，这是非常关键的一项决定，实际是他要重振国威的具体表现。对于富弼反复强调的"二十年不言兵"，对于司马光、韩琦的妥协态度，神宗是不满意的。而且就算不主动发起战争，也不可不进行这方面的准备。他支持王安石、任命王韶具体负责这项事务，很有魄力。还有一点，言兵不言兵并不是自己说了算的事，敌国来侵犯，难道就不出兵抵抗吗？

熙宁二年（1069年）二月，经过一年多的深思熟虑和多方面的实际考察，22岁的神宗皇帝赵顼终于下定决心要进行变法了。因为一年多来，他反复指示执政大臣和三司使等主管财政的官员要最大限度地压缩开支，但朝廷的财政依旧捉襟见肘，窟窿越来越大，用现在的话说，就是财政赤字越来越大，日子已经很难维持。如再不想办法，这种积弱积贫的局面就无法得到丝毫的改善。

于是，神宗终于下定决心起用王安石，以便按照自己的意图对混乱无序、庸俗腐朽的社会状况和死气沉沉的世风来一个大的冲击，建立一种崭新的社会秩序和经济秩序，使百姓们尽快富裕起来。只有民富，国家才能强大。只有国家强大，人民才能挺起腰杆来，恢复中原大国在周围国家中的地位，把祖宗丢掉的面子重新找回来。

其实，这次极为深刻的全方位的变法是神宗最开始酝酿的，但具体措施和步骤是由王安石制定和实行的。正因为神宗有充分的思想准备，所以在变法遇到那么大阻力时，神宗才能坚持住，没有从根本上动摇。

既然要变法，就要有一个强有力的班子，还要处理日常的军国大政，于是，神宗先后任命富弼为宰相，陈升之为枢密使，任命王安石、赵忭为参知政事，再加上保留原宰相曾公亮、原参知政事唐介的职务，就形成一个宰相、三名副宰相以及枢密使、枢密副使等人共同执政的局面。由富弼、曾公亮、赵忭、唐介四人抓日常工作，由陈升之和王安石抓变法改制的工作。

王安石担任右谏议大夫兼领参知政事之职，正式任命是在庚子日。从这一天开始，王安石真正掌握了制定新的法规制度、全面进行变法的主动权。他改造社会，造福人民，遗泽后世的宏图大略开始得以施展。

他默诵着李商隐的两句诗"永忆江湖归白发，欲回天地入扁舟"，昂首挺胸，走进参知政事的办公处，怀着坚定的信念，开始勾画崭新的社会蓝图。他要排除一切干扰，克服一切困难，闯过一切艰难险阻，向着既定的理想目标奋勇前进。

六天后的丙午日，司马光觐见神宗，要求离开朝廷到地方去做官。实际上他是对变法表示坚决的反对，在闹情绪。

　　神宗没有批准，他曾听闻司马光在辽国享有"忠亮"之清名。原来，吕公著出使到辽国的时候，辽国的几名大臣都问："贵国的司马光为什么离开御史台？"当时，司马光刚刚调出御史台不久，可见辽国人对司马光很熟悉，也非常关心。吕公著回国后把这件事报告给神宗。司马光被留了下来。

　　经过司马光的推荐，治平三年在濮议中因为对韩琦和欧阳修进行恶毒攻击而被贬出京师的吕诲、范纯仁、吕大防又回到朝廷，吕诲又一次到御史台这个中央监察机关任职。

　　吕诲、范纯仁和吕大防三人在濮议中曾联合上奏折弹劾韩琦和欧阳修，指责欧阳修是"豺狼""奸邪"，语言太过分。其实，当时双方没法说哪一方正确，因为那不是什么原则性问题。吕诲为人好沽名钓誉，特别偏激，据欧阳修关于濮议过程的记载，当时吕诲等人之所以用那么过激的语言，就是为了激怒欧阳修和朝廷，就是为了被贬，以此来钓取敢于直言的名誉。

　　范纯仁在对待欧阳修的态度上更令人不理解。欧阳修当初是范仲淹庆历新政最坚决的支持者，即使被人指责为"搞朋党"也不在乎，被贬谪也绝不退让，与范仲淹结下极为深厚的友谊。韩琦和范仲淹是非常好的朋友，又曾经共同率领军队戍守西北边陲。韩琦对范纯仁的恶毒语言更是不理解。

　　范仲淹死后，欧阳修受范纯仁请托为其写神道碑，碑文中有这样的内容：范仲淹在推行庆历新政时，受吕夷简排挤而被贬，二人产生隔阂；后来范仲淹在西北戍边时，吕夷简在朝中任宰相，二人相约，尽释前嫌，勠力破贼。表现出范仲淹以国家大局为重的非凡气度。

范纯仁看了这几句话后，说道："先父至死也未和吕夷简解仇。"把碑文退回来，请欧阳修把这几句话删掉。欧阳修回答说："你父亲和吕公相约破贼，尽弃前嫌，是我亲眼所见。你父亲与吕公释嫌的话，在他写给我的信中也有。你们当时还小，不知道这些事。何况，父亲自言平生不怨恶一人，而其子却不使其解仇于地下，世界上哪有这样的道理呢？"他对范纯仁进行了批评，坚持不肯删掉那几句话。

范纯仁见欧阳修不肯删，没有办法，就自己动笔删去。等碑文雕刻出来，把拓片送给欧阳修时，欧阳修挺生气，说："这不是我写的文章。"这件事在当时士人中广为流传。欧阳修对范纯仁当然很不满意，认为父子的品性相去甚远，说了几句批评的话。范纯仁在濮议中那样恶毒地攻击韩琦和欧阳修，不够厚道，对他本人的威信也有很大损害。但有一点可以说明，这就是范纯仁和吕海都是很有战斗力的人物。范纯仁当时任同知谏院之职，是职掌规谏朝政缺失的重要角色。

北宋士人，多喜欢斗嘴，最有战斗力的便是司马光、范纯仁、吕海、苏东坡等人。

甲子日，正式成立"制置三司条例司"。这是主管全国财政计划，制定财政政策和制定所有改革大政的部门。由于多数大臣不赞成变法，不愿意参加这项工作，所以王安石推荐精明强干、与自己志同道合的吕惠卿负责，而由他本人和陈升之掌握全局。一场自上而下的，涉及千家万户，涉及各个阶层、各个部门、各个领域的最深刻的社会改革开始了。

从制置三司条例司成立那一天起，变法派和保守派的斗争就开始了。

第五节　生老病死苦

制置三司条例司按照神宗的旨意，裁减制定当年和来年的财政支出预算，立即碰到最棘手的问题。这涉及朝廷宗室内部和王公大臣的既得利益，是最得罪人的事。司马光之所以没办，恐怕也与此有关。韩琦当年想办这件事，但只是想一想和说一说，一点行动都没有。得罪人的事没有人愿意干，尤其是这种得罪皇亲国戚和大臣的事。

王安石吩咐吕惠卿，行动要慎之又慎，但态度要坚决，这是变法的开端，如果出了问题就不好办了。

朝廷上，一般的军国大政就由富弼和唐介、赵抃他们处理，重大的事情，王安石和陈升之也与之共同讨论裁定。而制置三司条例司具体制定法规和条例时，富弼、曾公亮、唐介、赵抃等人都要参加。其实，当时的情况是变法的最具体的事由吕惠卿主持，由王安石审核拍板，然后拿出来与那几位大臣集体讨论，有时神宗也亲自参加，听取大臣们的辩论。

曾公亮和富弼本来就非常器重王安石，又是几朝老臣，也理解神宗要变法的苦衷，所以轻易不发表反对意见。陈升之是以枢密使的身份参与制置三司条例司工作的，与王安石个人关系甚好。王安石最开始步入仕途、在淮南任判官时，二人就相识，故他也非常支持王安石的工作。

唐介是一介老臣，在王安石任参知政事以前，唐介就在这个任上。先前，当中书省对什么事情产生争论，意见不一致时，神宗就说："去征求一下翰林学士王安石的意见，他同意就办，不同意就不办。"别人都不说什么，唐介却反驳说："王安石确实有才能，陛下认为他可堪大用，就重用他。中书政事奈何取决于一翰林学士？"由此可见他为人之耿直。后来，神宗果然起用王安石为参知政事。唐介耿直有余而才智不足，对变法不理解，在神宗面前经常和王安石争论，喋喋不休，但在理论上他总讲不过王安石，神宗又常常支持王安石。他又气又急，旧病复发，竟一命呜呼了。

神宗亲自到唐介家去吊唁哭祭，看到灵柩前放的遗像有点不像本人，就命内侍马上回宫把唐介的画像取来。唐介的家人都感到诧异，不知是怎么回事，宫中怎会有老爷的画像？原来，仁宗朝时，唐介因为直言敢谏而深得仁宗器重和信任。仁宗让宫廷里的画师给唐介画了一张像，仁宗御笔亲题"右正言唐介"五个字，一直保存在宫中，外人不知道。唐介是仁宗和英宗两朝先帝留给后朝的直臣，神宗对他很是器重。

王安石的变法大刀阔斧地进行，这就不可避免地要触犯许多人的既得利益，而既得利益受到损害的人与对变法本来就持反对意见的保守派联合起来，对王安石及新法发起强烈的进攻。

　　制置三司条例司第一项最具体的工作就是裁减全国财政经费的支出，把财政支出最大限度地减下来。而开销最大最浪费的是宫廷宗室及皇亲国戚们的各种额外的待遇和名目繁多的赏赐。这虽然是最敏感最难办的事，但王安石在请示神宗同意后，还是把这个问题解决了。

　　庆历年间，吕夷简排挤掉范仲淹后，为了收买人心，对皇室宗亲和后妃等进行大幅度赏赐，之后竟成为定例。这其实是一切奸狡大臣的共性，就是慷国家之慨讨好贵族和皇亲国戚。吕夷简对宗室实行特殊政策，大肆恩赏官职，凡是宗室子弟均安排为宫廷环卫官的职务，耗费了很大数额的俸禄，朝廷支出骤然增加。此举令宗室和后妃们对吕夷简一片赞美之声，却为国家财政留下了无穷的负担。几乎所有的人都有一个共同心理，这就是在生活待遇上喜升恶降，一旦提高了就不愿意降下来。所以司马光引用张知白的话说："由俭入奢易，由奢入俭难。"这确实是个千古不变的真理。

　　后来韩琦执政时，想革除吕夷简留下的这一弊端而未果，故一直遗留到现在。只有王安石敢于在太岁头上动土。新法规定：只有宣祖赵宏殷（赵匡胤之父）、太祖赵匡胤、太宗赵光义这三祖每一支每一代保留一个名额，选择一贤良之人为公爵，其他公爵全部废除。宗室子弟一律需要经过考试选拔后才可以当官。这一下子打碎了一大批宗室子弟的铁饭碗，这批人在京师里吵吵闹闹，到处煽风点火，造谣生事。这些人与大臣们都有各种联系，社会活动能量很大，新法一下子成为众矢之的，成为人们议论的中心话题。

新法还裁减了后妃、公主及臣僚的推恩钱。所谓的推恩钱就是赏赐的钱，以前这方面的名目繁多，数量很大，而且是固定的，到什么节日、有什么祭祀活动发放什么、发放多少都有定数。虽名曰赏赐，实际上已经成为一种固定的经济收入。这涉及后宫及文武百官的利益。

如此大规模地裁减宗室、宫廷后妃和公主的待遇，必须要得到神宗皇帝的批准和坚决的支持，否则是绝对不可能实现的。因为一切法规最后拍板的人必须是神宗皇帝，而且这涉及的全是皇帝家属以及亲眷的利益，他不批准无人敢行动。仅此一点，我们就应当充分肯定神宗的英明与神武。然而，神宗也因此在宫中常常听到有人对新法不满，对王安石进行攻击。

大幅度压缩财政支出取得了相当理想的效果，再加上省兵并营等措施的实行，当年就把财政支出压缩了四成，而又不影响朝廷任何政务的正常进行。用这部分经费中的一部分来提高现职官员的俸禄，又极大地调动了官员们的积极性。

由于财政困难，变法前，有许多地方官员的俸禄都不能按时兑现，官员们当然有情绪。而没有俸禄，胆大的官员就巧取豪夺，弄个脑满肠肥，胆小的就苦了。如今一变法，不但俸禄能准时发放，而且还提高了，官员们怎能不高兴呢？全面衡量，得大于失，所以神宗更加坚定了变法的决心，更支持王安石的工作了。

王安石学识渊博，有多年的实践经验，深得神宗信任，便无所顾忌地进行变法。曾公亮已经71岁，见王安石果断敢为，朝廷事务纷然，大臣们议论纷纷，就想退出这场将要兴起的纷争，一再提出致仕的请求，也就是要求离休，即使上朝也不管事。

富弼身体不好，总是请病假，三五天也不上一次朝。他对新法虽然有些想不通，但见神宗态度坚决，也就睁一只眼闭一只眼，得过且过。

赵抃虽然也已经过了六十岁，但身体硬朗，性格极其耿直，对新法有许多意见。但他学识不广博，反应也不快，笨嘴拙舌，一着急还结巴。每提出一个新方案，他就和王安石辩论，可怎么也辩论不过王安石，一着急就说不出话来，脖子都憋得通红，回去后对家人或朋友叫苦连天，连说："嗨！这官当得，真是难办啊！真苦－苦－苦啊！"

京师里的人就送给中书省这五个人五个字，分别是"生""老""病""死""苦"。"生"是说王安石生气勃勃，锐意变法；"老"是说曾公亮老了，一味只想退休；"病"是说富弼有病，总是休病假泡在家里；"死"是说唐介竟抑郁至死，再也不能参知政事了；"苦"是说赵抃，遇事就争论，争论不过就会叫苦连天。

这些情况也说明变法已深入人心，已成为人们热议的话题。但王安石的头脑是十分清醒的，他也苦于那些颇有才能和声望的人物不支持他，而要变法又需要有一批人来做具体工作，于是他不得不提拔重用一些他本人都不十分满意的人。

吕惠卿就属于这种人。吕惠卿最早登上政治舞台是由于欧阳修的推荐，前文提到过。此人也确实精明强干，但就是急功近利，功利心太重。他积极支持王安石变法，很大程度上是投机行为。王安石对他看得还是比较清楚的，所以王安石想要尽力提拔一些既支持新法又忠正厚道的君子到变法领导者的队伍中来。

可是司马光坚决反对变法，苏轼的立场基本和司马光一样，这二人都有很高的社会知名度，可就是不支持变法，王安石很苦恼。他在苏辙所上的一份奏折中，发现其在论述问题上有抑制兼并而要求改革的意思，就把苏辙安排到制置三司条例司中来，任命他为这个部门的"检详文字"。这是主管审查复核这个变法部门所有文件的要职。苏辙是苏轼的亲兄弟，与司马光的关系也很密切。王安石的这种人事安排，也表现出其要尽量团结一切可以团结之人的胸怀。

变法进行半年多，有的方面开始见到成效。但那些有威望的大臣多数依旧持观望态度或反对态度，王安石很伤心。正因为如此，他才不得不再提拔一些自己并不十分满意的人。他也预料到这样做的后果。

一天，神宗问王安石制置条例工作进度如何，即新的法规制度制定得怎么样了。王安石回答说已经进行检详文字，即进行到最后审稿定稿的程序，马上就可以向全国颁发了。神宗很满意。

王安石接着说："然而，现在急于理财，则必须使用能人。天下见朝廷以使用能人为先而不重用贤人，见朝廷以理财为先而不重视礼义教化，恐怕风俗由此而变坏。故在重用能人时一定要同时尊重贤人，在抓理财时一定要同时抓礼义教化。待新法实行后，再渐渐进贤人而退小人。"

神宗点头称是。当然，能人不一定是贤人，也不一定是小人，需要经过实践的考验。王安石当时的见解确实是很了不起的，他已经注意到物质文明和精神文明要同时并举的重要性。随着新法的制定和颁布，保守势力对新法的攻击力度加大了。王安石和神宗面临着更大的考验。

第一节　青苗法

新法继续实施，变法派和保守派的斗争也在继续。在"青苗法"颁布不久后，两派的斗争达到白热化的程度。

青苗法是在熙宁二年（1069年）九月颁布的。在颁布这个条例之前，王安石也犹豫过。因为这个条例法规涉及天下所有百姓的利益，处理好了会造福整个天下，弄不好则会扰民害民，也会殃及千家万户。最开始时，吕惠卿和王安石共同制定好非常详细的条例，然后交给检详文字苏辙审阅，并说明这就是青苗法，请苏辙尽管开诚布公地提意见，因为这还只是一个草案。

苏辙看后，对王安石说："此法确实很好，也挺符合实际情况，可以给百姓带来利益。把钱借贷给百姓，只取二分之利，本意是为了方便百姓，不是为了取利。然而就怕出纳之际，具体管事的官吏从中营私舞弊，巧取豪夺。法不能禁，弄不好就要扰民害民了。"王安石听后，沉思了一会儿，连连点头说："有道理！有道理！我也一直担心。让我好好考虑一下再说。"于是青苗法制定后，一个多月也没有颁布执行。

写到这里，有必要把青苗法的主要内容和所要解决的社会问题阐释一下。青苗法是王安石在鄞县当县令时具体实施并取得明显成效的措施。具体做法就是让农民在春天种地缺少资金即生产成本时，可以凭借自己所耕种土地的面积向官府贷款，等到秋收后再还清本息。利率是二分，即百分之二十。现在看利率很高，但当时私人借贷的利率都是百分之四十，即民间说的四分利。这样，利息就降低一半，农民的负担就不重了，因此王安石在鄞县推行此法时取得极大成功。而在借贷时也可以直接借粮食，这样就把春天青黄不接时农民忍饥挨饿的问题解决了。到新粮收获后再用粮食来交还政府，只不过是春天借十斗秋天还十二斗而已。这样还有一个最实际的好处，就是加快了政府存粮的更新速度。中国从古代就设立常平仓制度，就是政府出钱收购粮食，在丰收年景粮食价格低时多收，当出现较大灾荒时再以低于市场价卖给百姓，或者直接救济灾民。

青苗法不但使常平仓里的粮食提高了流转的速度，也使官府的收入增加很多。但要在全国范围内推行这个法规，就不能不格外慎重。

八月末，京东转运使王广渊进京办事，见到王安石，说现在农民正忙于秋收和秋种，急需钱用而苦于富户的高利贷，不知新法中有没有解决这方面问题的内容。王安石一听，青苗法就是针对这种情况的，这才下决心马上将其颁布执行，并且对原有的条文进行了一些修改，特别加上"禁抑配"这一条款。即发放此项贷款一定以借贷户自愿为前提，决不允许硬性摊派，不允许强制百姓借贷，也不搞什么"指标"。九月，青苗法正式颁布。在此之前，朝廷颁布了均输法，十一月，又颁布了农田水利法。但均输法和农田水利法涉及的社会面没有青苗法广，所以，围绕青苗法的斗争最激烈，变法派和保守派的斗争以此为导火索而达到最高潮。

梁启超先生曾经深情赞美王安石推行的青苗法，认为这具有农业银行的性质，是利国利民的最好政策。保守派攻击最甚的也是青苗法，司马光所说的"与民争利"，主要也是指青苗法。那么它到底是否与民争利呢？其实，确实有与民争利的情况，但争得好，争得合情合理。这个"民"，就是那些高利贷者，朝廷这样的措施，农民可以二分利借到官府的钱，谁还去借四分利的高利贷呢？所以王安石理直气壮地回答司马光："为天下理财，不为征利。"

王安石仔细研究了李参的经验，又进行一些修改和完善，再参照自己在鄞县的实践经验，才制定出青苗法。由于考虑苏辙的意见，条例制定出后一个多月也未颁布。后来因为王广渊的请求，他才正式将其颁布实行。

青苗法颁布几个月后，在全国各地出现了种种复杂的情况。有的地方严格按照朝廷的规定办事，执行得好，百姓们得到实惠，就欢天喜地，歌颂朝廷的圣明。有的地方执行得不好，苏辙预料的情况也出现了。一些急功近利的官吏借机硬性摊派，把百姓分成五等户，规定每户借贷多少，不借不行。结果是扰民害民，青苗法倒成为贪官污吏压榨百姓的一种工具。在这种地方，邪恶势力占上风，正直官吏提出不同意见，倒要被扣上反对新法的帽子。百姓们怨声载道，对新法当然不满了。其实，青苗法施行后这两种情况同时存在，不同立场的人选择不同的典型来对新法进行评价。

现在也经常听到"经是好经，让歪嘴和尚念歪了"这样的话，"歪嘴和尚"历朝历代都不少，关键在于如何处置这些"歪嘴和尚"。

当时，大名士欧阳修任青州知州，韩琦任河北安抚使。欧阳修对王安石的变法一直不理解，对青苗法则坚决反对，认为这是朝廷向农民放钱取息，谋求利益。他最担心的是"抑配"的问题，这样必然扰民害民，而这种情况在有些地方还真的发生了。所以欧阳修连续两次上札子给皇帝，要求收回这个条例。欧阳修态度特别鲜明地拒绝实行。欧阳修是三朝元老，为人忠正博学，社会名望极高，他的话是非常有分量的。神宗有些犹豫了。

几天后，河北安抚使韩琦也上奏章专门论青苗法。文章很长，认为立青苗法的初衷是好的，可执行起来恐怕不会如愿。最容易出现的是"抑配"问题。而且有钱的人家不需要借贷，需要借贷的穷苦百姓又有可能到时候还不上钱。民间借贷利息虽高，但借贷之间不允许官府过问，完全是真正意义上的自愿。即使到时候还不上，官府也不参与。青苗法则不同，如果到时候不还，难免官吏百般催逼，恐怕会对百姓棍棒相加，再甚者抓入监狱，如果这样，百姓将不胜其扰。

韩琦资格比欧阳修还老，地位也高，是执政的三朝元老。仁宗朝他就是宰相，英宗之立，韩琦也是有贡献的。他在英宗死时的表现神宗也知道，韩琦的忠正和果敢朝野有名，他的话分量更重。

"难道青苗法真的扰民害民？难道变法真的不应该？"神宗放下欧阳修和韩琦的札子和奏章，心潮起伏，对自己和王安石所做的一切也开始怀疑了。但他一想到整个社会的现状，不进行变法又有什么出路呢？神宗心里如一团乱麻，一时理不出头绪来。他感到实在有些闹心，就起身出殿，一个人信步而行。他忽然想到，该去看望母后了。

路上，神宗忽然想起前几天与王安石的一段对话。一天下朝后，神宗单独召见王安石，问道："王爱卿听到过'三不足'之说吗？"王安石答曰："没有。何谓'三不足'？"神宗道："外边人纷纷说，朝廷以为天变不足惧，人言不足恤，祖宗之法不足守，这是怎么回事？"显然，神宗觉得这种说法有点像王安石的口吻，故有此问。王安石没有正面回答是不是他说的，只是解释道：

"陛下忧勤劳苦，没有流连于享乐，这就是惧天变；陛下虚怀若谷，征询采纳人们的意见，又岂是不恤人言？然而人言固有不足恤者，如果合于义理，人言又何足恤？至于祖宗之法不足守，则本来就当如此。仁宗在位四十年，数次修改法规律条。如果法律一定，子孙就世世代代遵守，祖宗为什么还要屡次变更？"

此时，王安石的这几句话又出现在神宗的脑海中，他仔细品味着其中的深意，默默地点了点头。不知不觉间，高太后的宫门出现在神宗的眼前。

神宗的生母姓高，很有心计，是英宗的皇后。英宗死而神宗立，她就顺理成章地升为太后了。有的太后是借丈夫的光，有的太后是借儿子的光，她则既是英宗真正的皇后，又是神宗的生身母亲，她的地位和资格均无可撼动。高太后共生了六个孩子，四男两女，两女还是一对双胞胎。神宗皇帝是长子，下边还有三个弟弟和两个妹妹。三个弟弟分别叫赵颢、赵颜、赵頵。高太后此时刚过四十岁，由于生活好且善于保养，徐娘半老，风韵犹存，很是富态。

高太后见神宗满面愁容，就关心地询问朝中的情况。神宗摇着头苦笑，说道："母后不必担心，朕只是因为最近一段时间事情太多，有些累，有些疲乏而已。"

高太后说道："我听说民间甚苦青苗钱，是否罢免此法？"神宗说："散青苗钱有利于百姓，是为了减少百姓的困苦。"太后又说："王安石确实很有才学，但是怨恨他的人太多，不少人对他有非议。陛下如果爱惜保全他的话，不如让王安石暂时外任一段时间，等过个一年半载再召他进京让他执政。这样对陛下和他都有好处。"高太后说得很清楚，意见也挺明确。

神宗说："群臣之中，多数是明哲保身之人，只有王安石能够挺身而出，为朝廷为国家奋不顾身，能够为朕遮风挡雨，为朕挡事。"神宗的大弟弟赵颢恰好也在旁边，就接过去说了一句："太后之言是至理名言，陛下不可不考虑。"

神宗一听，把一肚子的怨气都撒在弟弟身上，没好气地说："是朕败坏祖宗法度，朕是败家子，你来当这个天子好了。"赵颢一听，知道哥哥是真生气了，赔礼说："臣弟不敢，陛下何至于说此气话。"太后见儿子动了气，忙解劝。赵颢怏怏而退，神宗也告辞出来。

在此以前，神宗也常常听到后宫的人对王安石不满甚至诽谤，但他心里明白，这是因为王安石变法直接涉及这些人的利益，得罪了他们，故不往心里去。这次不同，先有欧阳修和韩琦的奏章，接着就是高太后一番语重心长的话，他不能不动心了。

次日早朝后，神宗单独召见王安石，商量关于青苗法的事。在变法方面，一直相互理解相互信任的君臣之间，出现了意见分歧，变法大业面临着严峻的考验。

神宗拿出欧阳修的札子和韩琦的奏章递给王安石，说道："韩琦和欧阳修都是难得的忠臣，虽在地方而不忘朝廷百姓。颁布青苗法，本意是为了便民利民，却想不到会给百姓带来这么大的负担和灾害。朕心实在有些不安。"

韩琦生于1008年，欧阳修生于1007年，两个人只差一岁，都比王安石大十几岁，而且在英宗朝执政，是正副宰相。他们的意见神宗不能不认真对待和思考。

看到神宗忧郁的神情，王安石知道这不是个简单的事。他一目十行地浏览完两份奏折后说道："陛下不必为此忧虑。青苗法颁布时臣也想到会有一些问题，但各地反映上来的情况不一样，有的地方说百姓非常欢迎。待臣派人下去查明后再行处理。"

"韩琦和欧阳修都是前朝执政大臣，是三朝元老，他们的话一定是经过深思熟虑才说的，爱卿是不是仔细考虑一下？"神宗又说道。

"此次变更法度，韩琦和欧阳修都有些不理解，他们看问题可能有偏见，这一点也请陛下明察。"王安石态度很坚定。

"各项条例是不是都重新考虑一下？另外，外面物议太多，为了减少一些物议，是不是考虑把司马光提拔到枢密院任副使？"神宗试探着和王安石商量。

王安石略思忖，说道："司马光学识渊博，为人正直，颇有声望。可是他对变法坚决反对，他周围的人全是反对新法之人。如果给他重要职务，等于是给新法的反对派树立起一面旗帜，这样恐怕会给变法带来很大困难。请陛下三思。陛下如果对变法动摇，不想变法了，司马光确实可以大用，臣请避位。"

王安石的话带有一些情绪，但确实是发自肺腑的。

"爱卿不必多想，朕变法的决心是不会更改的。"神宗表示。

王安石回到家里，仔细想近几天发生的事和神宗谈话时的态度，他感觉得到，神宗的身上也有千斤重担，也有很大的压力，而神宗一旦动摇，一切努力将付诸东流。他感到自己太累了，想休息几天，也好考验一下神宗的态度和变法的决心。王安石递上请假的札子，说自己的身体不好，请假休息一段时间。

这时，司马光求见神宗，提出外任，因为他的意见不被采纳，在朝廷中已不起作用，请神宗恩准。其实这是变法派和保守派双方在给神宗出难题，一定要神宗拿出一个明确的意见来。神宗问司马光，能否出任枢密副使之职。司马光态度明确而坚决：如果坚持变法，他决不接受任命；如果让他接受任命，就一定要停止一切变更法度的工作。

神宗选择变法，选择王安石。司马光到洛阳去了。王安石继续主持朝政。新法继续推行，变法派和保守派的斗争也在继续，一刻也没有停止过。许多新法相继出台，整个社会各个阶层都出现了骚动。由于新法中涉及面最宽的是青苗法和免役法，围绕这两法的斗争也最为激烈。尤其是青苗法，此法触犯了所有大地主大富户的利益，朝廷以行政法规的形式把他们对贫民放高利贷剥削来的重利剥夺了，这些人怎能善罢甘休呢？这些富户和利益相关的地方官僚以及朝廷中的保守势力联合起来，对新法进行了大规模的攻击。

双方斗争胶着时，可以体会出神宗对于变法的轻微动摇，比如他要安排司马光为枢密副使。然而，宋朝建立以来，在朝廷执政和舆论监督方面一直采取"异论相扰"的策略，即让有不同意见的人相互制约，避免一个人独掌大权。纵观整个宋朝历史，确实没有一个权倾天下的大臣，真正的大权一直牢牢掌握在皇帝手中。或许，神宗也在或明或暗地使用着这种策略。

第二节 李定

秀州军事判官李定在孙觉的推荐下进京听调。他一直在远离京师的地方工作，并不了解京师中两派斗争的情况。他先去拜访谏官李常，李常问道："君从南方来，应该知道青苗法在地方上推行的情况，百姓对此法到底是什么态度？"李定马上回答道："挺好啊！此法方便百姓，百姓们都欢天喜地。"

李常警告李定说："你初来乍到，不知朝廷里的情况。现在整个朝廷终日为此法争论不休。你见到别人千万不要这样说，最好不要谈及青苗法，有人问就说不清楚，否则你会被人攻击。"

"我这是实话实说，本来如此嘛！我如实反映情况，怕什么攻击呢？"李定感到莫名其妙。

次日，李定又去拜访恩师王安石。前文提到，王安石曾在江宁开馆授徒，李定曾去学习过，是王安石的及门弟子。他来到京师，自然要去拜访老师。二人见面后，王安石也问起青苗法在民间的情况，李定如实回答。王安石听后很高兴，因为这是直接来自地方的反映，非常有说服力。

王安石便推荐李定觐见神宗。其实，李定来京师，只需到吏部报道，然后听从派遣就可以了。但因为他是王安石的学生，又来自南方基层，对于青苗法推行的情况当然有发言权，且有可信度，所以王安石推荐他见皇帝也在情理之中。

神宗听到李定的汇报，对新法尤其是对青苗法的顾虑彻底打消，更加坚定了变法的决心，并加强了推行青苗法的力度。形势对保守派极其不利。

李定果然如李常所预料的，一下子成为保守派攻击的主要目标。由于他奏对称旨，被任命为太子中允监察御史里行。但围绕他的任职，产生了许多意想不到的周折。这在当时的朝野传得沸沸扬扬。

任命李定的辞头到中书舍人手中后，被封还回来。担任中书舍人的宋敏求、苏颂、吕大临三人拒绝起草诏书。

当时圣旨形成的过程是这样的：先由执政大员征得皇帝同意后起草一个具体意见，然后交给中书舍人知制诰再进行正式起草润色，推敲字句，定稿后才能正式发出。

三名中书舍人不肯起草诏书，神宗下了几次手诏晓谕，三人仍无动于衷，这就把矛盾激化了，要么是收回辞头，要么是罢免三人的知制诰之职，二者必选其一。结果宋敏求三人落职，被另行安排。三人因此还获得一些人的赞美，被称为"熙宁三舍人"。

很明显，三舍人不是针对李定本人，而是针对新法和王安石，其实也是间接指向神宗。

任何时期都有既得利益集团以及阶层，附着在这个阶层上的一些知识分子往往占有很大的舆论阵地，能量很大。李定作为当事人，一下子陷入政治斗争的旋涡。

几经周折，李定太子中允的官还是当上了，但遭到了更大的攻击和诽谤。

数日后，监察御史陈荐上奏章弹劾李定匿丧不报，不为生母守丧，大逆不道，有伤伦常，请治罪。

其实，这已经是几年前的事了。李定的父亲李问的正妻是浩氏，妾是仇氏。事情发生在李定父亲死前。李问死后，李定请王安石给写墓志铭，其中说："娶开封浩氏，有两男子，察，山南东道节度推官，蚤卒；定，集庆军节度推官。"明明白白写的是正妻浩氏生的两个儿子，李察和李定。仇氏是李问的妾，在他父亲死之前就死了，据说有人告诉李定，仇氏是他的生身母亲。李定当时在泾县主簿任上，于是请假回家，因为不能确定自己是否是仇氏所生，请假的理由只能是父亲年迈有病，回家服侍父亲。回家后，问父亲自己是否是仇氏所生，父亲矢口否认。这种事，父亲是最高权威，他便没有为仇氏守丧。

既然有人弹劾，就不能不过问，圣旨批复，交江东淮浙转运使衙门调查审理此案。不久，转运使上奏章，说查阅以前档案，只有李定因父亲年迈请求归家赡养之文书而没有其母亲死亡的记载，而所谓的仇氏是否是李定的生母无法确定。神宗于是下诏允许李定上奏章自辩。

李定上书自辩，说他根本不是仇氏所生，请求有司明断。有关部门进行专门辩论，司马光、苏东坡等人提出让李定履行为生母守丧的责任，实际是要把李定从京师赶出去，给王安石一点颜色看。

王安石不能不说话了。他为李定的父亲写过墓志铭，还有一定的印象。他认为，李定生母是谁没有明确，当然也就不存在大逆不道之罪，故此事不宜深究。从李定请求辞职为年迈的父亲养老之事来看，李定是孝敬之人。

由于王安石的全力保护，李定才免罪。在对李定进行弹劾围攻的人中，领头的便是司马光和苏轼。苏轼弹劾的奏章很有分量，如果不是王安石水平高，还真没有办法驳倒。

司马光和苏东坡在这个问题上确实是小人的行径。正因为苏轼把李定得罪得太狠，后来到元丰二年时，李定才起劲地整苏轼，造成中国历史上著名的文字狱——"乌台诗案"。

不久，拒不执行青苗法的一些州县级官员先后被革职。欧阳修连上两个札子要求停止青苗法，未获批准。他又写信给王安石，指责王安石不该如此更改祖宗旧制，请王安石罢青苗法，并认为青苗法的本意就是要向百姓取利，如果要避免这个嫌疑，请取消二分钱的利息，白借给百姓。

王安石专门写了反驳状，指出如果没有一定利息的话，朝廷就要背上沉重的包袱。何况，这样贷款，没有办法控制那些投机取巧者。欧阳修见自己的意见不被采纳，青苗法照旧推行，厌倦政治的思想情绪更加强烈，连续上表请求致仕，获得批准。

欧阳修这位三朝元老退出了政治舞台。欧阳修自己也清楚，神宗和王安石对他也算是仁至义尽了。前文提到，欧阳修不但连续上札子反对青苗法，而且在本州拒绝实行。这可是违抗朝命，一般官员是要受到严厉处分的，重则罢官。但王安石除写文章反驳他的论点外，还特别为他上书，免去对他的处分。

三朝老臣、大名士欧阳修怀着对王安石的不满情绪回家隐居了。司马光怀着对王安石的不满情绪到地方上做官了。那么多好朋友如宋敏求、苏轼、苏辙兄弟等也都因为变法与王安石产生了矛盾，变得关系冷淡甚至决裂了。

这令王安石非常伤心，但不能因此就停止变法。王安石看到，新法在克服重重阻力后正在全国范围内得到贯彻执行，变法大业正在健康地发展。如果坚持三五年，得到整个社会的普遍认可，变法大业就会成功，将会给百姓和朝廷带来永远的利益。那时，对自己产生误解的这些朋友或许就能理解自己的苦衷而重新改善与自己的关系了。所以，王安石并没有动摇变法的决心。

第三节 吕氏"家贼"

青苗法和各种新法继续贯彻实行，保守派和那些既得利益阶层及一切反对变法的势力联合起来，对新法以及王安石进行一次次的进攻。神宗是变法的总后台，王安石则成为前台总导演，吕惠卿、曾布是两个主要演员。王安石自然成为保守派和反对新法者的众矢之的，一切诽谤都朝着王安石来，因为人们即使对神宗有天大的意见也不敢说出来。王安石以极大的魄力承担着一切。

神宗还真是个有魄力的君主，通过一年多的实践，他更加坚定了变法的决心，凡是反对变法的人，无论资历多高，社会知名度多大，一律从主要岗位上撤下来，为贯彻新法开路。御史中丞吕公著、参知政事赵忭、枢密副使吕公弼、御史程颢都因为反

053

对新法而被罢官。王安石和支持新法的韩绛同时被提升为同平章事，出任宰相之职，成为朝廷中最高的行政长官。变法派已全面控制了朝廷大权。保守派的正面进攻已经不起什么作用，他们也只好转变方式。

先前，枢密副使吕公弼和王安石关系很密切，他见朝廷因为变法而汹汹然，就劝王安石不要再继续颁布新法了，这种要求王安石怎么能接受？吕公弼回家后就写了一份奏章，对新法进行指谪。

不料，他一时不慎，所起的草稿被侄孙吕嘉问偷了出去，悄悄地送给了王安石。吕嘉问是新法最坚定的支持者，是王安石最忠实的崇拜者。王安石拿到草稿，先去见神宗，说吕公弼反对新法，并说出了具体内容。果然，吕公弼当日即上奏章，与王安石说的完全一样。结果，吕公弼就被摘掉了枢密副使的乌纱帽。事后，吕家的人都称吕嘉问为"家贼"。

提到吕公弼、吕公著、吕嘉问，便不得不了解当年的吕氏家族，这是北宋前期最显赫的高门望族。中国民间广为传颂的《吕蒙正风雪破窑记》，住寒窑发愤读书、高中状元的吕蒙正曾经是宋真宗的老师，又长期做高官，三做宰相。他堂弟的儿子便是本书多次提到的吕夷简，这个人物在仁宗朝炙手可热。

吕夷简平庸而居高位，而且谁也扳不倒，是有社会原因的。仁宗皇帝赵桢虽生在帝王之家，却是不幸之人。他的父亲真宗皇帝子嗣少，只有他这么一个儿子。

他本是一位姓李的嫔妃（即《宋史·后妃传》中的李宸妃）所生，生后就被送到当时刚刚受宠的刘皇后宫中，由刘皇后抚养。刘皇后又传下懿旨，命令仅有的几个知情人严守秘密，不准让小皇子知道他的生身母亲。李妃受到冷落，没有任何发言权。

于是，赵祯不知道自己的生身母亲是李妃，而一直把刘皇后当作自己的亲娘。

到了真宗乾兴元年（1022年），五十五岁的真宗皇帝归天，早已顺理成章被立为太子的赵祯登上皇帝宝座，这就是仁宗皇帝。仁宗当时只有十三岁，还不能独立处理军国大政，就由升为太后的刘太后垂帘听政。

刘太后掌握了军国大政，一呼百应。仁宗皇帝是个孝顺之人，对这位太后百依百顺，母子关系十分融洽。在这种形势下，仁宗生母李妃更不敢说什么，也没有机会说什么，她知道即使自己向皇帝说明此事，皇帝也不会相信，还一定以为她是疯子。何况她根本没有见亲生儿子的机会，只好在冷宫里苦度岁月。

明道元年（1032年），仁宗皇帝二十三岁。苦闷终生的李妃含恨死去，只有四十二岁。

刘太后倒是个精明能干的女性，在她垂帘听政的十年里，把天下治理得井井有条，仁宗皇帝虽然已经二十三岁，可还是听太后的，众臣就更看她的眼色行事。但她万万没有想到，在安葬李妃这个问题上，宰相吕夷简却不听她的意见了。

吕夷简请示用什么样的礼仪安葬李妃。刘太后觉得宰相这个问题提得有点多余，李妃是被冷落多年的妃子，当然就应当按照普通妃子待遇安葬，还用请示吗？吕夷简坚决不同意，劝刘太后说：

"太后应作长久之计，李妃和一般宫人不同，应该厚葬。如果一定按照普通宫人的礼数安葬，恕臣不敢奉旨！"

"就是真宗天子在，恐怕也要按照宫人之礼下葬。"刘太后不解地说。

"如果是真宗天子下诏，恐无大碍。太后若下此懿旨，恐怕会有后患。请太后三思，理解老臣的一片苦心。"

刘太后一听话里有话，略作沉思，问道："一个宫人死去，你竟如此多话，究竟是为什么呢？"

"老臣戴罪宰相，事无内外，没有不当参与的。如果太后不为刘氏着想，老臣无话可说。如果为刘氏着想，臣请厚葬李妃。"

吕夷简的态度非常诚恳。刘太后何等聪明，听出了吕夷简的弦外之音，她以为吕夷简不知道仁宗生身母亲的内幕，但吕夷简话里有话，就同意以一品礼安葬李妃，并葬在洪福院。洪福院是专门安葬地位很高的后妃的地方。在具体下葬的时候，吕夷简又暗中嘱咐具体负责人刘崇勋，让他给李妃的遗体穿皇后之服，并用水银实棺。刘崇勋当然照办。

一年后，刘太后也死了。刘太后执政这么多年，当然也得罪了一些人。几个知道内情的人把仁宗非太后所生之事奏明。仁宗这才知道自己的生身母亲是谁。他不禁悔恨交加，君临天下十多年，却让自己的生身母亲在寂寞冷清中死去，一点孝心也没有尽。不仅如此，又有传言说李妃死于非命，是被刘太后毒死的，对刘太后应当追贬，加以惩处。

仁宗皇帝一下子陷入非常尴尬的境地，如果不追查李妃死于非命之事，不为自己的生身母亲雪冤报仇，则枉为人子，又何以君临天下？但此事暧昧难明，如果在没有充分证据的情况下贸然行事，对已故的刘太后追贬惩处，则又显得刻薄寡恩。而且他一直都把刘太后当作自己的生身母亲，刘太后对他关怀照顾，体贴入微，执政期间也颇有政绩，没有明显过错。母子之间还是相当有感情的。更何况太后的皇后之位是父亲生前封定的，自己也不应当随意追贬。在中国古代社会，非常讲究孝道，以子改父虽然不能统统称之为大逆不道，但在一般情况下还是要遭到非议的。怎么办？仁宗确实非常为难。

这时候，宰相吕夷简则表现出极高的情商。他极力为刘太后辩冤，认为流言蜚语不可听。他向仁宗保证，说李妃确实是正常死亡，绝不是有人加害。去年李妃死时，他曾亲自参与安葬之事，故知细情。

但为解仁宗皇帝之疑，他建议开棺验尸，如果李妃是正常死亡，一切谣言不攻自破。仁宗仔细考虑了吕夷简的意见，觉得有理，而且可以看看自己亲生母亲的容颜，立即同意。

开棺之后，仁宗只见李妃穿戴的是皇后的冠服，周围用水银镶嵌着，面容如生，仪态安详，虽然稍稍皱眉，但脸色正常，表情平静。根本用不着仵作验尸，普通人一眼就可看出来李妃是正常死亡，并非中毒而死，而且服装和葬仪都是皇后的待遇。仁宗的心里才好受了一点。

仁宗端详生身母亲的仪容，分外伤感，不由得痛哭流涕，用太后之礼将其重新安葬。

情况既明，也就不涉及对刘太后的所谓追贬了。

这样，吕夷简在两年之间让仁宗的亲生母亲得到好的安葬，同时也保护刘太后免于恶名，给刚刚亲政的皇帝帮了大忙，仁宗皇帝自然特别感谢他。

后世民间流传甚广的所谓"狸猫换太子"的故事就是以这一故事为原型。故事编造得虽然非常生动感人，但与史实出入较大。仁宗认母是在两宫太后都死了之后，认的是死去一年的母亲。李妃死时也不知道她当皇帝的儿子是否还能知道事情的真相，是否还能认她这个饱受磨难的母亲。刘太后似乎也不像传说中那么坏。但有一点似乎也应当肯定，这就是刘太后也绝不会像《宋史·后妃传》（卷二四二）中写的那样好。

仁宗的第一个皇后姓郭，因为和嫔妃争风吃醋而误挠了仁宗。仁宗要废了郭皇后，众大臣反对，而宰相吕夷简支持，仁宗才下决心废郭皇后而立曹皇后。

因这两件事。只要仁宗在位，吕夷简的高位就是不可动摇的，尽管他在军国大政方面没有什么实际的才能。

吕夷简用慷国家之慨的方式给皇亲国戚，尤其是后妃提供许多待遇，使这部分人的钱包鼓了很多，皇亲国戚也对他很拥戴。

吕公著、吕公弼都是吕夷简的儿子，都是重臣。吕公弼当时在枢密副使位置上，是朝廷核心成员之一。吕嘉问是吕公著和吕公弼的侄孙，他因为追随王安石而被整个家族厌弃，付出的代价很大。

第四节　匿名诗

一天，大相国寺的一面墙壁上，出现了一首匿名诗，诗云：

终岁荒芜湖浦焦，贫女戴笠落柘条。阿侬去家京洛遥，惊心寇盗来攻剽。

大相国寺是东京城中心，也是当时最大的商品集散地，终日人头攒动，最为繁华。墙壁上有题诗，人们并不觉得新奇。那时候，在墙上题诗是一种时尚，人们早已司空见惯。但这首诗招来了很多人，因为诗写得太隐晦，谁也看不明白是什么意思。越看不明白就越招人看，所以诗前经常围着许多人。这惹起了一位大名人的兴趣，他也到大相国寺来看这首怪诗。此人就是苏轼。

苏轼当时三十多岁，早已是闻名遐迩的人物，围观的人中有认识他的，见这位大才子到来纷纷让开，让他走到墙壁下。

苏轼中等身材，英姿勃发。他略微抬头，一边看墙上的诗，一边摸下颌那一绺不太多的小胡子，微蹙一双浓眉思索着。

周围的人都屏住了呼吸，静静地等着他拿出答案来。约莫过了半刻钟，苏轼那微蹙的双眉慢慢舒展开来，嘴角微微上翘，露出一丝笑意。人们知道他看明白了，几个围在他身边的人迫不及待地问："苏学士，这首诗到底是什么意思？"

"你们真的始终没看明白吗？"苏轼反问。

"确实，在下已经琢磨两天了，始终不得其解。"一个人答道。

"既然如此，我就解释给你们看。你们看是不是有道理。不过，这首诗是讽刺当局讽刺朝政的，我解释完之后要马上清除掉，不要再在这里摆着了。"苏轼说完，让人叫来这里的主管做了吩咐，接着就开始讲解诗的意思。

"'终岁'是十二月，十二月三字从上往下组合起来是个'青'字；'荒芜'是田上长草，田字上边加个草头正是'苗'字；'湖浦焦'是没有水了，水去是个'法'字；'女戴笠'是个'安'字；'落柘条'是柘树落木是个'石'字；'阿侬'是吴地方言，'吴言'颠倒一下位置是个'误'字；'去家京洛遥'离家到远方的京师是个'国'字；'惊心寇盗来攻剽'是扰民之意。合起来全诗的意思是'青苗法安石误国扰民'，颠倒一下就是'安石青苗法误国扰民'。"围观的众人这才恍然大悟，连声赞叹。

此事当然传到王安石的耳朵里。对苏轼的解释，王安石也从心里佩服，暗暗赞道："这苏轼真是个名副其实的才子，可惜不为我用，对新法始终抱有敌意。"这么个小插曲当然不会对王安石有什么影响，他继续以极大的魄力坚定不移地推行贯彻新法。

秋天，王安石的另一个学生陆佃进京参加科举考试，到王安石府上拜访。王安石问他新法在江南推行的具体情况，陆佃说："新法没有什么不善之处，只是推行起来不如初意，有些地方确实有扰民的现象。"

　　王安石有些惊愕，说："怎么会这样？我和吕惠卿仔细商量商量，再派人到下边去调查调查，想办法解决这些问题。"

　　陆佃见恩师为变法操劳过度，不由说道："恩公乐于听取意见，从善如流，古所未有，可外面都说恩公拒绝批评，不肯听取别人的意见。"

　　王安石微笑着说："我哪里是拒绝批评的人。只是有些人一味反对变法，墨守成规，邪说营营，谤言四起，如果都听的话，什么事也干不成。"事后，王安石派李承之到淮南路去专门调查新法推行的情况。李承之回来汇报说新法运行比较顺利，百姓也很欢迎，并不像陆佃反映的那样。

　　推行青苗法的阻力最大，但青苗法冲破重重阻力被贯彻下去了。王安石开始考虑下一个新法了，这就是"市易法"。市易法的制定和推行，与几年前上《平戎策》的王韶有关。虽然这也是王安石一直在考虑的一项极其重要的经济政策，但王韶的一项建议是其制定颁布这项新法的契机。

　　王韶因为在神宗即位之初上《平戎策》而受到重视，被任命为管勾经略司机宜文字，相当于朝廷派往西北边防地区的顾问和特派员。他提议，利用西北边陲大片空地发展经济，在陕西渭水沿岸筑内外两城，然后在此开设一个大规模的集贸市场，由朝廷出资平抑物价，以此来吸引百姓到这里来居住。若此，几年后就可以把这里的经济发展起来。

　　王安石详细研究了王韶提出的方案，觉得切实可行，在进行一些修改后就批复王韶主持此事，并且计划两个城建完后，先在这一地区试行市易法，待取得成功后再在全国推广。这一方案制度与设立现代商业银行类似，可以极大地保护中小业主和手工业者的利益，促进工商业的发展。

其具体做法是：由朝廷提供一定数额的资金做周转，对一些常用消费品和生产资料的价格进行控制。此法可以防止大富户利用价格对中小业主进行控制和盘剥。当某种产品供大于求、价格下降时，朝廷以最低限价进行收购，免去生产者产品卖不出去的后顾之忧。以前，每当出现这种情况时，那些资金雄厚的大富户就联合起来把物价压到最低，有些中小业主常常因此而破产。王安石指示王韶，先做好前期准备工作，待时机成熟后再全面实施市易法。

修建内外两城遭到知永兴军的司马光的阻挠和反对。宋代的永兴军即唐代的京兆府，是以今日西安市为中心的很大一片地区。王韶计划要修的城池和集贸市场正在司马光直接管辖的地区内。司马光命令属下不准出工出役。司马光当时是坚决和王安石对着干，无论哪件事哪个方面都坚决反对。

但王安石没有因此而动摇，继续按照计划实行。司马光见自己的意见不被采纳，向神宗皇帝提出辞去知永兴军的职务，要求出任一个散职。神宗无奈，只好同意他的请求，让他做了东京留守。从此，在很长一段时间里，司马光再也不过问政事，专心撰述润色《资治通鉴》去了。

第五节 一往无前

前文提到过，变法前的差役制度给百姓带来了极为深重的灾难，许多百姓因此家破人亡。此次变更法度，目的就是减轻百姓的负担，发展生产，发展经济，富国强兵。所以当青苗法基本得到推广后，神宗和王安石又考虑如何改变差役制度了。王安石提出草案，经神宗皇帝同意，再命吕惠卿和曾布去具体起草。这次要针对社会现状，从实际出发，制定好详细的切实可行的条款，对本朝建立以来实行了一百多年的摊派差役的制度来一个彻底的改革。

经过一年多的反复酝酿和推敲，神宗和王安石又详细审查，批准了新的役法，即免役法，也叫募役法。其实，早在仁宗朝，一些地方官员，如两浙转运使李复圭、越州通判张诜等都曾在局部地区对旧的差役法有所改革，允许应当出差役的人出钱雇人代充，这其实是免役法的雏形。

新法规定，一切差役全部免除，一律由政府出钱雇用，钱由百姓分担。每户按照财产等级出一定数量的钱，随夏秋两税一起交纳，称免役钱。乡村五等户以下不纳，城市六等户以下不纳。各路、州、县根据当地差役事务的繁简，自定数额进行收缴，供当地使用。正额外，再增收百分之二十存留备用，称"免役宽剩钱"。原来不出差役的官户、女户、寺观等按照定额的一半交纳，叫作"助役钱"。其实，这种办法有后世向个人征收财产所得税的性质，可以使随便役使百姓的弊端得到有效的纠正。毫无疑问，如果此法得到认真贯彻，确实是个利国利民的好制度。

但是，新法的每一项政策条文出台，都面对很大的阻力。为了慎重起见，王安石决定，免役法先在京兆府试行，试行成功后再向全国推广。

可是宣布不久，属于京兆府管辖的东明县就有几百人到开封府来请愿，说给他们定的免役钱数额太高，要求降等。事情传到神宗耳朵里，他询问王安石该怎么办。王安石认为，这是一些反对新法的人煽动百姓闹事，以为只要要求的人多，就可减少免役钱；如果朝廷让步，新法便没法推行，只要定的数额合理，就要坚持住。神宗这才没有动摇。

几天后，御史台和谏官也反复上奏章议论此事，神宗又问王安石是否把原来的定额稍微裁减一些。王安石认为定额是经过反复研究核算确定的，是合乎实际且可行的，应当在试行一段时间后再进行修订。有人反对在意料之中，不能退让。神宗再次采纳王安石的意见。

斗争还在继续，又过了一段时间，上次闹事的那些人又到京师来请愿。不知是什么原因，一些人居然闯进了王安石的私宅，要求相国为他们做主，说他们的等级定得不合理，请求重新核定财产、重新定等级。王安石答复他们说，这些情况相府确实不知道，这是州县的事情，如果认为等级不合理，可以向当地政府提出诉讼，宰相不能管这些具体的事情。又问这些人来时县令知道不知道，答说不知道。王安石要求他们回去，等把事情调查清楚后再解决。

原来这些人是东明县令贾蕃煽动的，他是保守派阵营里的人，对新法一直采取消极的态度，对新颁布的免役法更是如此，也不认真调查，随意定百姓民户的等级，硬性往下摊派免役钱的定额，促成这次影响较大的事件。后来贾蕃被罢官，事情才算了结。

经过半年多的试行后，免役法正式在全国推行。免役法的制定和推行，从根本上改变了自古以来的百姓服差役的制度：官府的差役完全用钱雇人来干，百姓只是出一部分钱就可以免去苦役和随之而来的鞭笞，而且所承担的免役钱也比较合理。对于百姓来说，这无疑是个好政策。免役法所收缴的钱一般都可超过实际雇用役夫的需要，官府的各种差役可随时雇人来干，此外还可增加一定的收入，对官府也很有利。

梁启超在其所著《王安石传》（第十章）中曾经深情地说："自此法（指免役法）既行，后此屡有变迁，而卒不能废。直至今日，而人民不复知有徭役之事，即语其名亦往往不能解，伊谁之赐？荆公之赐也。公之此举，取尧舜三代以来之弊攻而一扫之，实国史上世界史上最有名誉之社会革命也。"梁启超因为积极投身于"戊戌变法"，故对王安石变法的艰辛和伟大历史作用有清醒的认识，所以才有如此深刻的论述。

免役法正式推行之后，紧接着就是实施保甲法。保甲法是为加强地方治安而建立地主武装，用来保卫地方、纠察盗贼，与朝廷正规军相补充，共同保卫国家安全和维持整个社会的稳定。

其具体做法是：乡村民户以十户为一保，每保设置保长一人。每五保为一大保，设置大保长一人。每十大保即五百户为一都保，设置正副都保正各一人。民户有两丁以上者都要抽出一人为保丁，集中进行军事训练。每一大保轮流派五人执行巡逻任务，发现有盗贼即报告大保长追捕。同保中如果有窝藏盗贼匪徒的人，知而不告者连坐治罪。保正要由当地最有钱财而且又有威望的人担任。

实际上这是在国家法规下建立的地方武装。而那些所谓的"保长""保正"等也就成为掌握一定武装力量的地方上的实权派人物。《水浒传》中的晁盖在劫取生辰纲之前就是个"保正"，他在事发后登高一呼，就有那么多人跟着他上梁山，当雷横带兵来逮捕他的时候，多人听他指挥而与官兵对抗，都因为他是保正的缘故。如果他就是个普通百姓，这一切都是不可能的。

保甲法开始推行时也有很大的阻力。一些反对派煽动好吃懒做的懒汉或不明真相的百姓吵吵嚷嚷，有人砍断自己的手指或弄折手腕来躲避当保丁。开封府尹韩维将这种情况报告给神宗。神宗问王安石怎么办。王安石回答得很干脆，他说："天下之大，何事没有，什么样的人没有？即使真有这种事，也不足怪。实行保甲法，不但可以根除盗贼，而且也可以使百姓渐渐熟悉军事，又节省朝廷经费，一举三得。请陛下坚决果断，要不恤人言而推行之。"神宗点头称是。

变法事业仿佛是一条行驶在浩瀚海洋上的航船，顶着狂风恶浪勇敢地前进，虽然非常艰辛，但始终在前进。神宗皇帝仿佛是这条航船上的船长，王安石则是船上的舵手，吕惠卿、韩维、曾布等人则仿佛是船上的水手，他们共同驾驶着这条航船，朝着既定的方向艰难地前进。

在变法的整个过程中，王安石得到的善意的劝谏和遭到的恶意的攻击甚至诽谤太多了。但这丝毫没有动摇他变法的决心。正如他在《答司马谏议书》中所说的："度义而后动，是而不见可悔故也。"符合道义的行动，因为是正义的行动，所以不可能后悔。当听到一些意见或谤言后，他写《众人》一诗抒发自己决不为流言蜚语所动的决心：

> 众人纷纷何足竞，是非吾喜非吾病。颂声交作莽岂贤，四国流言旦犹圣。唯圣人能轻重人，不能铢两为千钧。乃知轻重不在彼，要之美恶由吾身。

对于社会上关于新法的各种议论以及对自己的各种责难，王安石有非常清醒的认识。那些贵族和保守派对新法的攻击恰恰说明新法触犯了他们的既得利益，而这正是制定颁布新法的目的。当年，王莽在开始执政时到处都是赞美之声，然而王莽恰恰是个大奸之人，成为祸败家国的历史罪人。而西周初年的周公姬旦极为忠诚，尽心尽力辅佐年幼的成王，稳定天下，却招来很多流言蜚语。但这些流言蜚语并不能损害周公的威望和在历史上的地位，周公依旧是个千古传颂的圣人。只有本人是圣人，他的话才有分量。

王安石的这种观点实际便是孔子"唯仁者能好人，能恶人"（《论语·里仁》）的具体体现。每个人历史地位的高低、分量的轻重，将要受到后人的赞美还是唾弃，不取决于他人的评价，而在于他本人的行为到底如何。

毫无疑问，王安石的意见和观点是正确而深刻的，尽管当时和后来历史上有那么多人不满王安石甚至造谣诽谤他，但当我们仔细研究王安石变法的过程和他本人一生的所作所为时，我们就会对他的高风亮节油然而生敬意，对他变法所取得的业绩赞叹不已。

变法还在深入，最关键的问题马上就提上议事日程了，这就是西北边陲用兵的问题。这是对新法的一个重要考验，也是变法派和保守派都瞪大眼睛紧盯的一个焦点。

第三章　披荆斩棘

第一节　省兵置将

熙宁六年（1073年）八九月间，神宗和王安石都如坐针毡，度日如年。他们在共同盼望着西北边陲的消息。

从八月初开始，熙河路经略安抚使王韶率领军队与羌族首领木征进行殊死的战斗。这是变法以来发生的最大规模的边境战争，如果失利，不但会给朝廷带来很大负担，而且会成为保守派攻击新法的口实。

一个多月过去了，可前敌的情况还不清楚，只知道王韶率领军队追击敌兵进入敌境腹地千余里。有人说王韶正在率领军队继续深入，有人说宋军惨败，已经全军覆没。因为一个多月接不到王韶送来的正式报告，所以究竟如何谁也不敢说。但这么长时间没有信息，毕竟是不多见的情况，神宗又怎能不担心呢？

九月戊午日（十八），神宗正升朝议事，文武百官都在，忽有紧急边报六百里军书送到。神宗忙命内侍递上来。神宗心跳加速，手都有点哆嗦，因为这个边报太重要了。待从头到尾看完，他不由得龙心大悦，喜笑颜开地让内侍把边报传给王安石看。待王安石看后，神宗向满朝文武正式公布这个振奋人心的特大喜讯。

边报内容是，王韶率领军队经过五十四天艰苦卓绝的战斗，长途奔袭，深入一千八百余里，终于彻底打败木征等率领的敌军，一举收复河、洮、岷、宕、亹等领土。这次战争，是以岷州首领摩琳沁在兵临城下的强大军事压力下举城投降结束的。连同熙宁五年（1072年）收复的领土计算在内，西北边陲已经收复三千多里沦陷一百多年的失地。

这是宋朝建立以来取得的最辉煌、最伟大的军事胜利，也可以说是变法取得的最具体的成果之一。正因为几年来新法已经深入人心，并且取得很大的成功，国家的经济实力迅速增强，省兵、选将置将、保甲等一系列与军事有关的新法得到实施，使国家的军事力量得到加强，军队的战斗力得到极大的提高，才取得如此辉煌的战绩。这次胜利让人开始憧憬积弱积贫的局面将成为历史，一个强大的赵宋王朝即将屹立在世界的中心，那些逞强争霸的夷狄小国即将再次臣服在华夏大国的脚下。这次辉煌的胜利使神宗龙心大悦，使王安石相心大悦，使满朝文武官心大悦，使全国百姓民心大悦。

二十多天后，十月辛巳日（十二）辰时，大内最豪华宽敞的紫宸殿里喜气洋洋。大殿金碧辉煌，装饰一新。御用玛瑙香的香烟氤氲缭绕，文武百官官服整齐，按班鹄立，等待着举行盛大的典礼。为了庆祝收复熙、河、洮、岷、叠、宕州，神宗在这里接受文武百官的朝贺。

神宗这年才26岁，是人生最好的年龄，是精力和体力都最旺盛而且开始走向成熟的年龄。人逢喜事精神爽，年轻皇帝双目如电，十分英俊威武。他解下身上的玉带交给身边一名内侍，命他送给站在百官最前面的宰相王安石，并朗声说道：

"同平章事王安石，自从执政以来，忠心朝廷，勤勉职事，与朕勠力同心，变法图强，宵衣旰食，十分劳苦。今收复诸州，振兴我大宋国威，功高日月。特赐玉带一条，以示褒奖。"

王安石出班跪下，诚恳地说道："陛下圣明。亲自选拔王韶于疏远卑贱之中，委以重任。如今能够收复一方，均出自陛下宸衷，微臣与二三执政，只是奉职办事而已。臣不敢贪天之功为己有，独当此荣。"

神宗见王安石推辞，劝道："王爱卿不必推辞。当初王韶献策之时，诸多大臣持怀疑态度，只有爱卿支持朕。后来兵兴，群臣疑虑犹多，多劝朕割地求和，委曲求全。朕亦曾犹豫彷徨，想要中止。如果不是爱卿陈述利害，坚决支持朕，支持王韶，决不会成此大功。爱卿受赐，当之无愧。"

神宗的话等于向文武百官充分肯定了王安石在这次收复失地胜利中的重要作用和功绩，也确实是肺腑之言。司马光从开始就反对重用王韶，后来也千方百计进行阻挠，其他大臣明确支持王韶的也非常少。在王韶经营西北并取得如此辉煌胜利的整个过程中，王安石耗费了大量心血。确如神宗所云，如果没有王安石的坚决支持和缜密的筹划，这次胜利是绝对不可能取得的。

富弼明确提示神宗要二十年口不言兵，韩琦也主张对外妥协再妥协。王韶取得的伟大而辉煌的军事胜利，既用铁的事实证明了新法的成功，证明了王安石变法的成功，也证明了神宗的英明神圣。

变法过程中，王安石对兵制也进行了大胆的改革，以精兵简政为主要手段，进行减兵并营和置将练兵。这是非常高明的一项措施。在此以前，兵多而不精，战斗力很差。"冗兵"造成的"冗费"，一直是困扰朝廷的老大难问题。

韩琦、富弼、司马光等朝廷重臣都曾想要解决这一难题，可谁也没能解决得了。当年，韩琦、富弼进行过一次裁减军队的举动，但当时只是减少兵员的数量，而没有置将练兵这一配套的措施，故不能从根本上解决问题。王安石当时曾经作《省兵》一诗议论此事，可以看出王安石在当时就高瞻远瞩。

在军事方面，神宗和王安石的具体做法可分为两项。其一是减兵并营，即在数量和编制上进行一番整顿。把五十岁以上的老兵全部裁减下去。把禁军和各地的马步军营重新调整合并，禁军由原来的545营合并为355营，减少190营的编制。马军每营300人，步兵每营400人。又把原来集聚在京师的禁军大部分拨到各路去驻扎。接着，在全国范围内进行全面的减兵并营，各州有定额。裁减后，全国的禁兵、厢兵（相当于后世的地方军）总数不到80万，比英宗时就少了36万，裁减了几乎三分之一。

裁减军队、合并兵营后，朝廷又经过严格的选拔，挑选出一批有相当武功而又精明强干的军官，配置到各个新定的兵营去进行严格的军事训练，这就是第二项措施，即置将练兵。

经过几年的苦心经营，全国共设置92将。其中拱卫京畿之兵共37将，同时又负责防御北面的辽国。西北边防之兵共42将，投入兵力最多。中部和东南地区11路一共才13将。

这样的军事力量分布，可以看出当时的形势以及神宗和王安石的意图。辽国当时比较强大和稳定，难以图谋，但辽国对宋用兵的可能性也不大，所以在京师一带尤其是北面部署相当数量的军队，主要是战略防御。西夏国当时内乱频仍，幼主登基，国力衰微，可以图谋，故把主要军队都放在西北边陲。这就有经营西北，伺机消灭西夏收复故土的打算了。如此多的军队，绝不是单纯的防御。如果能够消灭西夏，实际上也就等于削弱了辽国。而中部和东南地区统治比较稳固，所以军队数量很少，几乎是每一路才有一将。

还有一点需说明，那就是当时的"将"，并不是一位将军或将领的意思，而是一个军事编制，有点现代集团军的性质。每将下边还有指挥，指挥下还有校、尉之类的军官，当时的军事编制大约也相当于今日的军、师、旅、团、营。各将还有一定的编号，如第一将、第二将、第三十九将等，这也大体上相当于后世所谓的多少"军"。

这是非常具有战略眼光的措施。如果神宗和王安石的意图能够被后来的执政者领会继承的话，赵宋王朝是有望再度强大的。

可惜的是神宗英年早逝，哲宗继位时年幼，未能亲自执掌政权，而由高太皇太后和司马光执政，把神宗和王安石变法所取得的成果全部破坏和葬送，使变法大业付诸东流。其后又出现徽宗和蔡京这对昏君佞臣，以恢复新法为名，对百姓残酷剥削，政治黑暗腐败，弄得天怒人怨，宋朝不但未能强大起来，反而丢失了半壁江山。惜乎悲哉！

置将练兵加强了对士兵的军事训练，克服了以前兵不识将、将不识兵的弊端，极大地提高了部队的战斗力。军队的数量虽然大幅度减少，但实际作战能力大大加强了。所以神宗皇帝非常高兴地对王安石说，这样做的结果"不惟胜敌，兼可省财"。

熙宁六年（1073年）春天，王安石之子王雱建议，把天下制造弓弩甲胄的作坊合并起来，统一设置几家大的制造工场，此举可极大地提高弓弩甲胄的质量，改善以前这些质量低劣的兵器影响军队作战能力的问题。这项建议得到批准，朝廷设置"军器监"，向各大兵工场派遣经过严格选拔和培训的有很高水平的军械制造工匠，统一生产军用器械。

这些措施对王韶在西北收复大片失地起了相当大的作用，但最关键的还是王韶在几年的苦心经营中一直得到王安石的支持，否则，他再有本事，也不会取得如此辉煌的功绩。

第二节　河湟大捷

　　王韶字子纯，江州德安人，进士及第后参加制科考试不中，便到今陕西甘肃一带进行实地考察和社会调查，熙宁元年（1068年），上三篇《平戎策》。其主要意图是建议朝廷首先要占领巩固河湟地区，这样便取得了对西夏的主动权，进可攻，退可守。当时这一地区处在几个少数民族首领的控制之下，既不是宋朝的领土，也不是西夏的领土，有点像局部军阀割据的性质。如果西夏先下手占领这一地区，宋朝就完全被动了。如果宋朝先占领这一地区，那么就完全掌握了主动权，阻断了西夏政权南侵东下的道路。

　　所谓的河湟即指发源于青海，流经青海、甘肃大部分地区的湟水流域及湟水与黄河合流的一带地区，大约相当于今兰州至西宁中南北几百里的地带。这一地区自古为兵家必争之地。秦朝修筑万里长城，起点就在临洮，汉朝在这一地区设置武威、张掖、酒泉、敦煌郡，目的就是要断匈奴右臂。汉民族政权与西北地区的少数民族政权，没有不重视这一地区的。

　　唐朝中叶后，河湟被吐蕃占领。后来宪宗皇帝虽然打算收复河湟，但未能成功。深知兵法军机的晚唐诗人杜牧曾写过一首《河湟》诗，曰："元载相公曾借箸，宪宗皇帝亦留神。旋见衣冠就东市，忽遗弓剑不西巡。牧羊驱马虽戎服，白发丹心尽汉臣。唯有凉州歌舞曲，流传天下乐闲人。"

　　经五代时期一直到宋朝建立一百多年，从来没有人提出恢复河湟的建议。北宋前期的几代皇帝对外一直采取软弱退让的政策，宁可花费大量的钱财给辽国和西夏国献岁币以求苟安。神宗要振兴国威，有所作为，所以见到王韶的《平戎策》后便怦然心动。

王韶认为，河湟地区被几个比较大的羌族部落割据，大部落所占领的面积也不过是方圆一二百里。西夏也正在争夺这里，宋朝如果不出兵占领，西夏就要占领。

由于王安石坚决支持王韶，熙宁五年（1072年）八月，王韶收复武胜军。捷报到达朝廷，举朝欢欣，于是改武胜军为镇洮军，并决定在此处新筑城池，作为控制西北的军事重镇。王安石亲笔给王韶写了一封信：

> 某启，得书承动止万福，良以为慰。洮河东西，蕃汉集附，即武胜必为帅府。今日筑城，恐不当小。若以目前功多难成，城大难守，且为一切之计，亦宜勿隳旧城，审处地势，以待异时增广。城成之后，想当分置市易，务为蕃巡检大作廨宇，募蕃汉有力人假以官本，置坊列肆，使蕃汉官私两利。则其守必易，其集附必速矣。因书希详喻经画次第。
>
> 秋凉自爱不宣。

在王韶刚刚打败木征收复武胜军后，即把情况报告给朝廷。在朝廷正式发文褒奖之外，王安石又写了这封指导性的信。洮河即洮州和河州的简称，在今兰州至西宁中间略偏西南的地区，"洮河东西"就是今日兰州和西宁地区，当时已经"蕃汉集附"，即汉族和少数民族聚集，人口密集，相当繁荣。王安石要在这里建设"帅府"，成为镇守西北的军事总指挥所。

为做久远之计，王安石还要在这里"分置市易""置坊列肆，使蕃汉官私两利"，即在这里开办大型的集贸市场，进行公平的经济贸易活动，使汉族百姓和少数民族百姓都获益，使公家和私人都获益。用现代观点理解，王安石的这种举措有把这里建设成边境通商口岸的意思。如果大市场建成，经济实力发展了，再保卫守护这个地区就是轻而易举的事了。他又进一步指出，如果筑城工程浩大，暂时可不毁旧城，选好地势，先做好准备工作，时机成熟再动工。

在武胜新城筑成之后，王韶又讨伐收复大片生羌占领区，许多生羌内附，接受朝廷的管辖。所谓的生羌就是一直生活在边远地区而没有接受汉文化，没有开化的羌族百姓。后文出现的属羌则是指受汉文化影响较大，已经基本汉化的羌族百姓。王安石再次写信给王韶：

> 某启：承已筑武胜，又讨定生羌，甚善。闻郢成珂等诸酋皆聚所部防招。恩威所加，于此可见矣。然久使暴露，能无劳费？恐非所以慰悦众心。令见内附之利，谓宜喻成珂等放散其众，量领精壮人马防招。随宜犒劳，使悉怀惠。城成之后，更加厚赏。人少则赏不废财，赐厚则众乐为用。不知果当如此否，请更详酌。

可知在新城筑成后，又有大批生羌内附，郢成珂等一些生羌的部落首领主动带领他们的部队为朝廷戍边。王安石建议王韶，要使这些内附的少数民族得到实惠，要对这些军队加以犒劳。而且这些人久在外驻扎，多所劳苦，应当把他们中的大部分人解散回家，与家人团圆，留下少数的精锐防边。对留下的人要随时进行犒劳，使他们感念朝廷的恩德。人少则赏赐不废钱财，赏赐丰厚则被赏之人愿意为朝廷效力。筹措具体，符合实际情况。不但考虑朝廷的利益，而且也关心新近内附生羌的生活。可见其既有深谋远虑，又有仁者之心。

王韶在给朝廷上的奏疏中，还有这样的内容，即新城建成后，按照王安石的意见设置一个规模极大的贸易市场，已经收到效果。措置洮河之役动用的只是通过推行市易法在市场上收回的利息钱，不用官家的本钱。

进行如此规模的战役，不消耗国家的钱财，这本身确实是很了不起的。神宗和王安石当然非常高兴。可文彦博有另外的看法，当时只有文彦博和神宗、王安石三个人在场。文彦博见到王韶的奏疏后用鼻孔哼了一声说道："这好比是工匠造屋，在开始设计的时候，一定要往小了设计，往省钱方面设计，这是希望主人容易接受，易于动工。等到工程开始以后，知道不可能停下来，才开始逐渐增多费用。"神宗一听，马上反驳说："这不是造屋，是屋坏。屋坏岂可不修？"王安石马上接过神宗的话茬说："主人也很精明，善于计算，心中自然有数，岂是工匠所能随便欺骗的吗？"文彦博才无话可说。

简短的对话可知三个人的态度。文彦博当时是枢密使，应该全力支持王韶才对，不理解他怎么会有这样的态度。

熙宁六年（1073年）的春天，王安石在接到王韶的报告后，又给王韶写了第三封信。当时，西夏国幼主秉常和地方割据势力首领董毡不甘心领土被宋朝占领，于是经常派军队对宋朝新收复地区进行骚扰。为稳定局面，王韶制定了一个比较大胆的作战计划，上报朝廷。神宗有些担心，下诏旨命王韶要特别慎重。王安石在信中谋划说：

> 得书喻以御寇之方。上固欲公毋涉难冒险，以百全取胜。如所喻甚善甚善。方今熙河所急在修守备。严戒诸将勿轻举动。武人多欲以讨杀取功为事。诚如此而不禁，则一方忧未艾也。窃谓公厚以恩信抚属羌，察其材者收之为用。今多以钱粟养戍卒，乃适足备属羌为变。而未有以事秉常、董毡也。诚能使属羌为我用，则非特无内患，亦宜赖其力以乘外寇矣。自古以好坑杀人致畔，以能抚养收为用，皆公所览见。且王师以仁义为本，岂肯以多杀敛怨耶？

信中提醒王韶要以修守备为主。但对王韶的作战方案还是给予充分肯定的。并一再主张以抚养为主，千万不要多杀敛怨。对秉常和董毡也要采取恩威并用的策略。到这年的九月，就取得了前文所说的一次收复数千里失地的重大胜利。

从王韶开始经营洮河开始，就一直得到王安石的坚决支持和具体的指导。神宗几次犹豫，想要停止经营西北的措施和工作，如果没有王安石的坚持，这次重大胜利是绝对不可能取得的。神宗说当时的情况是"群疑方作，朕亦欲中止。非卿助朕，此功不成"，倒完全是实话实说。

这次军事上的重大胜利，是变法派的伟大胜利。但这也没能阻止保守派对新法和王安石的攻击，而王安石本人始终保持非常清醒的头脑。

第三节　清醒的头脑

河湟大捷，是王安石执政以来取得的最伟大而无可争议的实绩。青苗法的实行也收到了预想中的理想效果。紫宸殿受赐，是大臣所受到的最高荣誉，变法事业达到顶峰，王安石受皇帝的恩宠也达到极点。但王安石是个非常冷静的人，他始终保持着极其清醒的头脑。

当天晚上，王安石朝中受赐的消息家中自然也知道了。王家合家庆祝，欢乐过后，王安石回到书房，冷静地思考起变法的全部经过和当时朝廷的现状。

变法图强，重振国威是自己多年来的愿望。但仁宗皇帝缺乏魄力，遇事专门搞折中，不思振作，只求维持。英宗更不是英明之君，不可能创业。神宗自从登基以来，励精图治，为人节俭有德，精明强干，是个千古难逢的有为君主，这才使衰微的国势得到振兴，使腐败压抑的世风得到一些改变。但一切也仅仅是开头而已，新法要真正得到全面贯彻和取得预期的效果，还要付出相当大的努力。

在变法之初，自己就和交往多年的老朋友司马光产生了分歧，直到最后决裂。还被其他老上司、老朋友疏远，如富弼、韩琦、欧阳修、苏轼兄弟等。但为了朝廷的大业，为了百姓能够过上丰衣足食的好生活，他只能负重前行。想到这里，王安石感到一阵酸楚和苦涩。

在制定和推行青苗法的过程中遇到的阻力最大。除反对派从中作梗外，各级地方官吏素质低下也是一个重要原因。之所以会出现这种局面，与当时实行多年的教育制度和科举制度也大有关系。于是，王安石又考虑从教育和科举两个方面进行改革。

早在仁宗朝，王安石在其所上万言书中，就对当时教育制度的弊端进行了深刻的分析和批判，提出改革教育制度的要求。执政后，他首先把精力集中到变法方面。在均输法、青苗法等开始推行后，王安石便开始考虑教育和科举方面的改革了。熙宁元年，王安石刚刚出任参知政事，就增加太学生的名额。熙宁四年，以锡庆院、朝集院为太学讲舍，扩大学校规模。其后，又设置京东、京西、河东、河北、陕西五路学，相当于这五路的地方性大学。以陆佃为诸州路学官。以后在各路均设置学校。

为统一思想，朝廷向各学校发放统一的教材，这就是由王安石亲自主编的《三经新义》。由于变法的具体事务特别繁忙，王安石抽不出太多的时间注释三经（所谓的三经是指《周礼》《诗经》《尚书》），其主要部分是由王安石的儿子王雱和吕惠卿起草，由王安石审查定稿的。在《三经新义》中体现了王安石的变法思想，是对以前汉唐诸注家的修订。但这部书后来被毁，无法看到全貌了。王安石的这一做法，后来遭到许多学者的攻击，说王安石的儒家思想不纯正，并以此攻击变法是商鞅、桑弘羊那一套。

教育改革方面，还有一点要特别提出，那就是王安石是个非常注重实际的人。在熙宁六年（1073年），太学中增设律学教授四名，学生们可以自愿申请学习某一专业，教授还把一些案件拿到课堂上让学生们分析判断，提高学生的实际操作能力。实际这是当时最高的法律专业课，主要目的就是培养法律人才。后文中献《流民图》和弹劾王安石的郑侠曾经是王安石的学生，王安石劝他参加律学考试，郑侠没有同意。另外，太学中还增设医学教授，以翰林医官及天下名医为教授，每年招生300名。又分方脉科、针科、疡科等不同的专业。这对于提高医学水平无疑是大有益处的。

在科举方面，王安石提出的改革方案是取消诗赋而加强策论的内容。当时科举考试主要是两项，即进士和明经。进士科以诗赋为主，以声病对偶定优劣，只能培养人的文学才能而对社会实际工作帮助不大。明经科所考的基本上是死记硬背的功夫，什么贴经、墨义、填写某一经句的注疏等，也没有实际用处。

王安石提出要废除诗赋的内容，废除明经科，专以经义、策、论来选拔进士。这项建议遭到一些大臣的坚决反对，其中态度最强硬的是当时已经名满天下的大学士苏轼。苏轼曾上奏章反对。

苏轼学问渊博，奏疏写得有理有据，尤其是"自唐至今，以诗赋为名臣者不可胜数"一句，更有相当大的说服力。奏疏中还提出，"贡举之法，行之百年"，不必改变。而且不以诗赋取士，只以经义策论考试的话，"无规矩准绳""无声病对偶""学之易成""考之难精"，弊病更大。因为经义策论之类的文章比较容易写，没有诗赋要求那么严格，没有一个比较客观统一的标准，在评卷与录取方面有比较大的主观随意性。这确实是很实际也很深刻的见解。

神宗看了这篇奏疏后，也被苏轼说动，就问王安石能否考虑不改变科举制度。王安石态度很坚决，坚持"贡举法不可不变"的主张，向神宗解释说，旧贡举法使士人用大量的时间闭门读书，学作诗赋，对社会上的事均不接触、不熟悉，其实是摧残人才。苏轼所云"自唐至今，以诗赋为名臣者不可胜数"之语，乍听有理，细思乃理之必然。因为自唐以来，只以诗赋取士，朝廷大臣多数出身于诗赋，当然要出现许多名臣了。但以诗赋入仕而成迂腐无用之徒者更多。不改变科举制度和内容，对于培养有用的人才不利。王安石的话再次说服了神宗。

这样，科举考试内容的改革经过一番曲折和斗争才得以实施。熙宁四年二月，中书省正式颁布科举新法：废除明经科，废除考诗赋和贴经、墨义。进士科的考生在《诗》《书》《周礼》《礼记》《易》中选治一经，兼治《论语》《孟子》。考试时，主要考这些经书的"微言大义"和殿试策论。殿试策论的内容都紧密结合当时的国家大事，结合现实出题。

这些内容中有一点值得注意，"五经"中的《春秋》不见了。当时的学校里不开设教授《春秋》的课程，科举考试也不设这一专业。王安石对前人注释的《春秋》不满意，所以他把这一内容删去了。这遭到很多学者的反对，几年后学校又增加了这门课程。

尽管有许多曲折，但教育和科举制度还是按照自己的设想改革了，而且正在朝着健康的方向发展。想到这里，王安石的心情很舒畅，长长出了一口气。他的思绪又飘向变法几年来的农业生产和农民的生活。这是他变法当中最用力的一个方面。青苗法的推行和实施，解决了农民受大地主大富户高利贷盘剥的问题。农民的生产积极性十分高涨，农业形势相当不错。

兴修农田水利方面，王安石也投入不少精力。他在任鄞县县令时就有过这方面的尝试和经验，执政后，更大力提倡兴修农田水利，调动社会上一切可以调动的力量。只要确实有这方面经验和本事的人，不论其社会地位高低，都可以直接到京师来，到司农寺或中书省献策。其设计和策略如果被采纳，就有一定的奖赏。经过实施取得实绩的，还要授官嘉奖。一两年后，全国形成了"四方争言水利"的热潮。

多年来，黄河的水位不断上升，黄河两岸的堤坝就不断增高，结果有的地段水位比堤坝外面的地面还高。所以疏浚黄河水道是当时水利工程的一大难题，也是重要项目之一。有位叫李公义的人，发明一种"铁龙爪扬泥车法"，建议用此法来疏浚黄河。

其具体方法是用数斤铁造成爪形，用绳索沉下水底，然后用快船牵引，船公快速划船，顺流而下，到一定的位置再把抓取成堆的泥沙打捞出来。后来，有人提出这种铁龙爪有些轻，王安石又亲自参与改造，制造出一种叫"浚川耙"的新型工具，又专门成立"疏浚黄河司"，直接领导疏浚黄河的工作，使黄河流速加快，流量加大，泥沙沉降减少。

变法以来的几年里，农田水利事业迅速发展，京畿及各路兴修水利10793处，灌溉田地361000多顷（顷，百亩田也。1顷相当于66666.7平方米）。其中两浙路农田水利事业最发达，共完成水利工程1980处，灌溉田地104000多顷。发展农田水利之外，朝廷还制定一定的优惠政策鼓励百姓开淤垦荒，开垦出大片闲散土地，极大地提高了农业生产水平。王安石夫人吴氏的堂妹、好友王令的遗孀吴靓影就在开垦荒田中有杰出表现而受到朝廷的嘉奖，留下千古芳名。

经过几年的努力，确实实现了"因天下之力，以生天下之财"的目的。国家的财政实力有很大的提高，实现了"民不加赋而国用足"的目标。

新法的推行，比刚开始时的形势有利多了。但新法在具体推行的过程中，还有许多问题需要解决，否则，也可能会给国家和百姓带来意想不到的灾难。为了向神宗皇帝说明现在的形势，已经躺下休息的王安石披衣而起，来到书案前，展纸研墨，写成一札，即《上五事书》，保存在《王文公文集》第一卷中。

王安石分析了五个最受争议的新法，即和戎法、青苗法、免役法、保甲法和市易法。前两项已经取得实效，是切实可行的良法。而免役法、保甲法和市易法这三项新法还需要进行非常慎重的考虑。要注意"得人"和"缓行"，不要急躁。这是非常精当的见解，为后世的实践所证明。

在王安石死后十多年，所谓的变法派重新上台，打着恢复神宗和王安石新法的幌子，对旧党进行清算和打击。但这时所谓的新党都是些投机分子，变回去的新法也都是挂羊头卖狗肉的伎俩，而为害最酷烈的就是免役法、保甲法和市易法，王安石的预见一点不差。所以，王安石在当时特别注意和担心的就是这三法。其中，围绕市易法真的出现了尖锐激烈的斗争，斗争的激烈程度比刚推行青苗法时有过之而无不及，斗争的结果直接威胁到了王安石的宰相地位。

第四节　内外夹击

变法派和保守派的斗争围绕"免行钱"的设置达到了高潮。所谓免行钱实际是综合免役法和市易法的条例而在京师实行的一套工商税法。在实行免行钱制度之前，京师开封府以及皇宫中的一切杂货用度都由开封的商行直接供应实物，主管此项工作的官员便可以任意进行敲诈勒索，向商行索要的各项货物远远超出规定例额。稍不如意，主管官员就百般刁难，滥用职权对工商业户随意罚款惩治。如三司副使因有关商行供应的靴子的皮革质量不高，即处理惩治皮革行的商人二十人。有不少小商贩因此失业。

免役法实行后，全国所有的人都可通过交纳一定数量的钱而免去苦役。市易法的实行使整个社会中的各行各业都可以有相对标准的价格，漫天要价的情况有所改变。这就为开封府城里深受敲诈勒索之苦的商人提供了借鉴的经验，他们也想沐浴变法的春风。

开始时，开封肉行的徐中正等人向官府提出，他们宁愿交纳一定数量的钱，请求免去直接供应肉的做法。因为被主管官员百般刁难，他们实在有些难以承受，请上级官员给他们做主。

王安石征求神宗同意后，命市易司与开封府司录司根据诸行的实际情况制定详细条例，在开封府商行中实行。各行按照经营规模大小以及收入的多少交纳免行钱，不再向官府及皇宫内苑供应实物。官府和皇宫内苑所需一切杂物，一律制定出标准来，按照规定的数额派人到市场上按照市场价格公平采买。一切物价由市易司估定，不准压价强买。

这项法令的出台，得到广大商人的拥护，却限制了主管官员以及内苑中皇族的权力。于是，当这项法令出台后，京师中掀起一场轩然大波，这是王安石没有料到的。实际上，与免役法、保甲法和市易法相比，免行钱法所涉及的社会层面最小，只不过是京师里的官府和皇宫内苑主管后勤供应的部门与京师里的商人商行而已。

但是，能量的大小从来就不是以人数多寡来计算的。因为这次直接触犯了皇亲国戚和宦官的利益，所以这次对新法的攻击来得最猛烈、最迅速，力度也最大。

当时，主管市易司的官员是坚决拥护新法支持王安石的吕嘉问。前文曾经提到，吕嘉问因为支持王安石，被保守派的人骂为

"吕氏家贼"。

吕嘉问曾经被保守派诬陷，由于王安石的全力保护才幸免。这次，见王安石和吕嘉问因为颁布免行钱法得罪了皇亲国戚和宦官，朝野中的保守势力又和皇室宦官联合起来，内外夹击，对新法和王安石展开了大规模的进攻。

熙宁七年（1074年）三月间，神宗留下王安石询问免行钱的事："为什么不满意免行钱的士大夫也那么多？"

王安石回答说："一些士大夫本来就不满朝廷政事，与近习宦官相互勾结。宦官们对免行钱不满意，煽动士大夫们制造舆论。陛下只看朝廷中的大小官员不避宦官的能有几个人，就可以知道宦官害政的程度了。"

"有人反映吕嘉问以聚敛为能，招致民怨沸腾，这是怎么回事？"神宗又问。

"吕嘉问是个干练之才，市易司处置得宜，全国的市易务才会取得如此大的业绩。因为制定免行钱法，吕嘉问才得罪了那些宦官和皇亲国戚。如果不是吕嘉问，谁敢坚守法规不避宦官和皇亲国戚？如果不是我，谁敢为吕嘉问辩明是非，谁敢不怕宦官和皇亲国戚而为吕嘉问撑腰？"

神宗默默无言。

几天后，神宗再次用怀疑的态度问王安石："王爱卿，取免行钱是不是不合理不方便？听说外面人情咨怨。"王安石低头沉思，没有马上回答。神宗接着又说："近臣以至后族，没有不说不便的。两宫乃至泣下。"

近臣指的就是宦官，后族指的就是外戚集团。两宫是指太皇太后和皇太后。太皇太后是指仁宗的皇后曹氏，皇太后是英宗的皇后高氏。神宗这里只说两宫太后，还省略了自己的皇后向氏。其实，如果从个人感情来说，最能打动神宗之心的应该是向皇后，其次是高太后，因为那是神宗的母亲。而曹太皇太后已经不起什么作用了，她是仁宗的皇后。仁宗本来就不是神宗的亲爷爷，曹太皇太后当然也就不是神宗的亲奶奶。神宗的奶奶、母亲和媳妇这三辈皇后的外戚一开始就与变法派对立，他们的待遇被削减不少，当然不能满意。

一听神宗皇帝说近臣和后族都不满意，王安石憋在肚子里的话如同打开闸门的水一下子涌了出来，他有些激动地说：

"微臣奉陛下之命推行新法，后族一直非常不满，因为这直接触犯了他们的利益。如皇后父亲向经从来就是'影占行人'。为了推行新的免行钱，有司依照条例到他的商行收钱。向经不交纳，曾给微臣来文交涉，微臣没有理睬，而是照章办事，收缴了他应当交纳的钱。他怎能不反对呢？再如，曹太皇太后的弟弟曹佾，赊买百姓家的树木不但不给钱，而且指派内臣用假姓名告状，诬告市易司。结果被查出，遭到驳斥。陛下试想，从这两件事上看，后族怎能不反对新法和微臣呢？"

王安石当着神宗的面，直接揭露后族的劣迹。尤其是向经，他正是神宗的岳父，王安石毫不留情指出其是个"影占行人"，是贪婪卑鄙的小人，这表现出无所畏惧的精神，确实非常有气魄，值得敬仰。"影占"是隐瞒、隐蔽的意思，"行人"在此处当是商行之人的意思。"影占行人"可能是指隐瞒自己经营所得的财产或物品数额以逃避官府征收的实物或要交纳的免行钱。

因为向经是皇帝的岳父，谁也不敢得罪他，都睁一只眼闭一只眼。而吕嘉问主管市易司以来，则坚决执行新法，按章办事，依照条例向他征收免行钱。向经当然不满，倚仗自己的特殊身份专门与中书省交涉，写信给王安石，结果碰了软钉子。向经对新法、对吕嘉问、对王安石都恨之入骨。然而王安石的直言可能使神宗有些尴尬，他虽然没有直接表示不满，但几天后就命人检查行人，征求对免行钱利害得失的意见。

神宗受到奶奶、母亲、皇后的影响，对免行钱及一些新法支持力度不够。保守势力知道了神宗的态度，马上联合起来全面攻击新法和王安石。

长期退居洛阳行韬晦之计的司马光，给神宗上长篇奏疏，列举朝廷政事的阙失，主要有六条：一是青苗法使百姓负债而官无所得；二是免役法养些浮浪之人；三是市易法与民争利；四是经营西北侵扰四夷，得少失多；五是保甲法滋扰百姓；六是兴修水利劳民废财。这不但涉及王安石在《上五事书》中所提到的新法的最重要的五项内容，而且连兴修农田水利都否定了。这是对新法及几年来工作的全面否定。

司马光作为守旧派的代表，为了既得利益阶层，早已经罔顾事实、蓄意攻讦了。

朝廷内部，富弼的女婿冯京也是新法的一大阻力。当朝廷准备在成都设立市易司分司，推行市易法的时候，冯京指出当年的

"王小波之乱"就是因为榷卖货物引起的。冯京又与皇室宗亲以及在外的司马光等人遥相呼应，多次造谣破坏免行钱的实施。因为他是参知政事，是执政者之一，他的这些做法更让神宗对免行钱乃至于对新法产生动摇。

但冯京和文彦博的立场从来就不坚定，首鼠两端，故对神宗的影响也还有限。对神宗影响最大的则是王安石最亲信的曾布，他对免行钱及市易法也发出许多责难。关键时刻，以一个小人物的一张图画为契机，宫廷内外，朝野上下，掀起攻击王安石、攻击新法的大浪潮。

第五节　郑侠与《流民图》

曾布是曾巩的堂弟，是王安石一手提拔起来的，是坚决贯彻执行新法的骨干人物。他和吕惠卿是王安石的左右手，许多新法的具体条文就是由他和吕惠卿起草的。但曾布发现王安石对吕惠卿信任和重用的程度一直在自己之上，而市易法和免行钱的条例都由吕惠卿亲手制定，又统归吕惠卿管辖，心中有些不服。他知道神宗曾就免行钱之事责问过王安石，也知道太皇太后等人都在向神宗施压。

于是，曾布也一改初衷，联合市易法的倡议人魏继宗反对市易法和免行钱，攻击吕嘉问，想通过扳倒吕嘉问打击吕惠卿，通过打击吕惠卿使神宗疏远王安石。这叫釜底抽薪，一石三鸟。曾布对神宗说，他召问行人时，行人"往往涕咽"。曾布是王安石的心腹，他的话当然更有分量。于是神宗命曾布和吕惠卿彻底检查纠正市易法的问题。

吕惠卿坚持新法，认为主流是好的，应当充分肯定，问题是次要的，只要注意纠正就可以，不必大惊小怪。曾布的意见与吕惠卿相反，他又向神宗攻击吕惠卿，变法派内部彻底分裂，王安石的左右手互搏。这对已经处在困境中的王安石更加不利。

老天也不作美，这一年河北地区冬春大旱，百年不遇。在那个年代，人们抵御自然灾害的能力极为有限，每遇大灾，就会出现大量的流民。这一年也不例外，许多流民逃亡到京师来。这给保守派攻击新法又提供了借口。保守派纷纷上书指责新法，说是变更祖宗法度触怒了上天，上天才降此大灾以示儆戒。要求停止新法，上天就会降雨。

神宗这次确实有些动摇了。见到这些奏章，他问王安石："这些奏章所言，不无道理。如此严重的天灾，实属罕见。"王安石反驳说："自然灾害，何时没有？是正常之事。尧、汤时代也不可避免。只应更修人事，以应天灾。"

王安石的话充满了唯物主义思想，是他"天变不足惧"思想的具体表现。但此次神宗的态度与往常不同，神宗马上反驳王安石说："天灾严重，流民困苦，这不是个小事。朕之所以如此忧虑恐惧，正是感到人事有未修之处。"显然，神宗这里的"人事未修"是指变法中出现的问题。

神宗的态度有些出乎王安石的意料。王安石虽然已经发觉神宗对新法的态度有所改变，但想不到变得这样快。王安石有些心灰意冷，他本来对错综复杂的朝廷政务早就有厌烦情绪，产生过退隐的想法。

几年来，由于政务太忙，几乎每天都要忙到半夜三更，还要应付各种责难，应对来自各方面的对新法的攻击，防备各种冷枪暗箭，而且随时随地还会受到各种造谣中伤。王安石心力交瘁，他早就想清静几天，好好休息一下，但始终没有机会。这时，他觉得机会来了。

神宗态度变化还有一个重要原因，王安石并不知道，这便是监安上门郑侠所上的《流民图》和奏章。

这位郑侠对王安石的政治生涯来说，实在太重要了，有必要介绍一下。郑侠（1041—1119），比王安石小二十岁，字介夫，福州福清（今属福建）人。北宋嘉祐四年（1059年），郑侠父亲郑翚任江宁（今南京市）酒税监。父亲官卑职小，清廉正直，郑侠弟妹又多，家庭生活十分清贫。郑侠的唯一出路就是矢志攻读，苦学成名。他曾赋诗道："漏随书卷尽，春逐酒瓶开。"治平二年（1065年），郑侠到父亲任所，读书于清凉寺。这时王安石为江宁知府，素闻郑侠才华出众，对他十分重视。他便拜王安石为师，成为王安石的弟子。经过王安石的悉心指点，治平四年（1067年）郑侠在27岁时高中进士，授将作郎，秘书省校书郎。可见，王安石和郑侠是有师生关系的。

王安石出任参知政事后，立即提升郑侠为光州（今河南潢川县）司法参军，主管光州的民、刑案件，凡是光州疑案，一经郑侠审讯，清楚上报，王安石全部按照郑侠的要求给予批复。郑侠非常感激，一心要竭智尽忠，以报答王安石的知遇之恩。

熙宁五年，郑侠任期满，入京述职时拜见王安石。当时，朝廷颁布考试新法来选举人才，考中者可以越级升为京官。王安石让郑侠通过这个途径得到任用，实际上是想重用郑侠的。但郑侠内心并不认可新法，就以不熟悉新法为借口婉辞拒绝。他曾多次谒见王安石，王安石向他问询所见所闻，他直陈王安石的青苗法、免役法、保甲法、市易法以及在边境发动战争诸事给人民造成了扰害。道不同，不相为谋，郑侠离开后王安石就不再见他。

不久，郑侠出任京城安上门的监门小吏。王安石虽不喜欢郑侠，但还认为他是个于国忠心耿耿的人才，还是想用他，曾让其子王雱和属下来告诉郑侠，可以出任修经局检讨官，但都被郑侠婉言谢绝。

从熙宁六年至翌年三月一直没下雨，赤地千里，是百年不遇的大旱。京畿一带的百姓生活困苦，于是便出现络绎不绝的流民，而有的地方官吏仍然催逼灾民交还青苗法所贷本息。

郑侠请了一位高明的画师，在城门上选择一个俯视的角度，用几天时间画了一幅《流民图》，然后满怀深情地写了一份奏疏。

奏疏和《流民图》送到阁门，不被接纳。宋代的制度很严格，不够品级的官员是不能直接给皇帝上疏的。郑侠也是豁出去了，利用自己是门监的权利，调用专用马匹假称秘密紧急边报，用马送至银台司，这样可以直接呈送给神宗皇帝。

神宗当天便看到了奏疏与《流民图》，画面上的背景是神宗皇帝所熟悉的东京城的安上门。只见城门内外，有许多衣衫褴褛的穷苦百姓，男女老少都有，一个个骨瘦如柴，有的提篮，有的背筐，小孩们有的仰头望爹，有的回首呼娘。个个满面土色，人人步履踉跄。漫天乌云，不见太阳。远处是西风古道，枯柳衰杨。满图是衰颓之色，令人感慨悲伤。他反复观看，长吁短叹。再看完奏疏，心情更加沉重。终日茶饭不思，郁郁寡欢。

神宗很有主见，但这封奏疏和这张图对他的冲击太大了。这天晚上，神宗带着《流民图》和向皇后到高太后宫中请安。碰巧仁宗的皇后曹太皇太后也在高太后的宫中。神宗的奶奶、母亲、皇后三辈皇后碰到一起了。神宗跪下请安后，便把这张图拿出来请母亲和奶奶看。

高太后是母亲，既是长辈又是神宗最亲近的人，她最先开口说话："是王安石随意更张，破坏祖宗法度，变乱天下。搞得天怒人怨，流民遍地。陛下何不罢免王安石，以缓解一下人们对他的怨恨情绪，等过一段时间再起用。"

神宗见母亲真的动了气，就解释道："虽然有些天灾，但也不像外人传说的那样流民遍地。"太皇太后曹氏已经快到花甲之岁，可听神宗这么一说，也沉不住气了，忙接过话头颤颤巍巍地说："这是光州司法参军监安上门郑侠画的《流民图》，他天天监守城门，这都是他亲眼所见。这还有什么可怀疑的呢？百姓们都困苦成这个样子了，陛下还无动于衷，还用那个王安石败坏祖宗法度。老身陪伴先帝多年。先帝仁爱慈祥，以百姓为本。每有天灾，必返躬问己，为政是否有不当之处。哎，真想不到百姓竟苦成这个样子。"说着，流下几滴老泪。

高太后见婆婆哭了，鼻子一酸，也挤出一串眼泪，说道："政事不修，才有天谴。陛下就让王安石先避一避位吧。"神宗刚要说话，向皇后又接过去说了几句，无非是劝丈夫应当认真考虑两位太后的话，说到伤心处，一双秀目中也流出几滴粉泪。神宗想要解释，见此情景，知道在这个时候说什么也无济于事，就告辞出来。

《流民图》是郑侠请人画的，一点也不假。郑侠是监安上门的官员，所画的情景也当是实情。几个月大旱无雨，又是青黄不接之时，有许多灾民流进京师也在情理之中。这幅画能感动两位太后哭鼻子，一定非常精彩。可惜的是这幅画没有流传下来。《流民图》表现的是北宋王朝上升时期百姓的困苦情景，而《清明上河图》表现的则是北宋衰微之末世东京汴梁之虚假繁荣。二者都可以从反面见义，看出社会问题的复杂性，能够启发我们深刻的思考。

第四章

急流勇退

第一节　契丹拱火

王安石很烦，而契丹又来添乱。在对待外敌挑衅的态度上，最能看出执政者的胸襟和智慧。当契丹故意试探性挑衅时，王安石则表现出战略家的眼光和大智大勇。

以前，契丹就做过试探，由于王安石的坚持，它没有捞到任何好处。那是熙宁五年秋季，在王安石和神宗专心致志思考部署王韶招纳西部诸蕃的紧张时刻，契丹在北部边境挑事。

七月份，边报说契丹偶尔有几十骑兵越过拒马河到宋朝领土上兜圈，也不杀人放火，也不抢劫，经常是来也匆匆，去也匆匆。边防军请示朝廷当如何对待。

神宗忧心忡忡，他最担心的是战争，对于契丹更有畏惧之情。王安石向神宗说："陛下富有天下，若以道御之，即何患吞服契丹之不得？若陛下处心自以为契丹不可吞服，西夏又不可吞服，只与彼日夕计较边上百十骑人马往来，三二十里地界相侵，恐徒烦劳圣虑，未足以安中国也。"（《续资治通鉴长编》卷二三五）

王安石的意思非常明确，神宗拥有大宋王朝的天下，如果能够发展经济，富国强兵，吞服契丹都不是什么难事。如果认为契丹不可以吞服，西夏也不可以吞服，每天只是计较和对方百八十骑兵来来往往，计较二三十里地的侵扰得失，恐怕只会徒烦心思。他的意思是不要在这些小事上费心，可以不予理睬。

接着，王安石鼓励神宗，自从秦汉以来，中国人口和土地开发程度，从没有像今天这样大的规模。而周边少数民族都非常衰微软弱，也是几百年来之最。上天或许认为中国久为夷狄所侮辱，才给陛下兼治荒远之地的机会，让陛下干成安定强大中国的事业。

王安石的雄才大略，确实不是一般人所能达到的。

不久，事态又有新的进展。边防官员多次向枢密院及朝廷报告：契丹的兵马多次越过宋辽北部界河拒马河，看样子是要在拒马河南安置口铺（所谓的口铺就是哨所），请求朝廷给予明确的指示，应当如何对待。

拒马河如今已经改道，当时的地理位置是在今天天津市区向西延伸一百多公里。当时宋朝的边境比较紧张的是霸州（今河北霸州市）、雄州（今河北雄县）一带。

北宋君臣对契丹很惧怕，神宗也不例外。应该说，这涉及国家主权，涉及国家核心利益。因此，朝廷展开了讨论。

讨论前后进行两次，《续资治通鉴长编》卷二三七在熙宁五年八月丁酉日和《续资治通鉴长编》卷二三八熙宁五年丙午朔日分别记录。

王安石道："如果经略西夏，暂时就不必和契丹争口铺之事。臣以为，契丹必不敢移动口铺，必不敢在我方领土上修建。现在面临战胜西夏国的战略机遇，不积极讨论这件大事，却天天讨论和契丹争口铺之事，臣恐古人珍惜机遇，不会这样做。"

王安石的意见很明确，现在就应该专心致志经营西夏，等把西夏遏制或者消灭掉，再考虑如何对付契丹。那么几个口铺即哨所又能如何？而且估计契丹也不敢公然违背盟约而越界修建什么哨所。这是第一次讨论，结论就是暂时不计较契丹，而专心支持王韶对付西北边事。

十天后，又进行讨论。参与者有神宗、王安石、文彦博、蔡挺、吴充。王安石是宰相，吴充是参知政事，文彦博是枢密使，蔡挺是枢密副使。蔡挺是进士出身，词作得也不错，而且多年戍边，很会治军。

雄州官员上奏章说："北方要来兵建立口铺。"

文彦博和蔡挺等主张，如果他们来建口铺，一定要命令当地官兵进行拆除。这二人的意见实际就是枢密院的意见。

神宗说："如果拆除对方再来修，就要打仗，怎么办？"

蔡挺说："如果万不得已，该打仗就打！"

神宗认为打仗还是很难办的，就说："契丹如此行事，到底是什么意思？"

王安石一直在听君臣对话。听神宗如此问，他便分析道："要么是边吏之间语言细故，愤激而为此；要么契丹恐怕大宋认为它不强大，故意表示强硬；要么是见陛下即位以来励精图治，经略边事，认为再过数十年之后，大宋安定强大了，就会有窥测幽燕之计，到时候契丹没有能力对抗，不如趁大宋没有强大之时先来骚扰，以为'绝迟则祸大，绝速则祸小'。故要和大宋绝交，外联西夏国来骚扰我们。"

神宗一听，有点着急，忙问："我们该怎么应付？"

王安石说："如今河北方面我们还没有准备好，没有用来应付契丹进攻的部署，所以不能轻易断绝友好关系。如果契丹愤怒激动，示强而动的话，我们也应该用宽柔徐缓的方式来应付他们，用几代结盟誓愿的信义来说服他们。契丹即使很顽固，也应该会稍微消解一些，那么侵略凌辱的念头就会缓解一些。而他们缓解，我们便有时间加强守备。大体来说，应付口铺事应当宽柔徐缓，而修我国守备应当急切，一定要抓紧。以我的看法，口铺事不值得计较，唯有守备才是关键，是最紧急之事。"

神宗和文彦博、蔡挺、吴充都在仔细听，王安石继续说："如果我们守备和各种部署都完成了，便可以等待契丹的任何举措了。因此目前即使是不过问雄州情况，也不算失计；如果不抓紧修整守备，而把争口铺放在首位，则是最大的失计。"

神宗问："那么，口铺之事就不过问了？"

王安石道："天下的事情有缓有急，如关于修建口铺之事，是新鲜事，人们很少遇见，故陛下以之为忧虑；河北没有防备契丹战争的守备，是熟事，历来如此，人们习以为常，因此陛下也不以之为忧虑。依臣所见，人所罕见者乃不足虑，人所习见者才值得忧虑。值得忧虑的才一定要抓紧急办，不值得忧虑的则应该缓办。"

宋朝边境州县军政长官遵照朝廷的指示，注意观察，契丹没有其他行动便不予理睬。果然如王安石预料的那样，辽国骑兵过来跑一圈就回去。来过几次后，见宋军也不理睬，感觉没趣就不再过河了。根本就没有修建口铺的举动。

由于王安石坚持只在西夏一个方向用兵，不理睬契丹的小动作，才保证了王韶经略西北的伟大成功。

一年多过去了，契丹也没有任何动作。他们侦知宋朝内部矛盾重重，感觉这是促使王安石离开朝廷的最佳时机，于是便派萧禧来搞外交。

三月丙辰日，辽国派遣林牙兴复军节度使萧禧前来，提出北方宋辽边界出现一些状况，要求和宋朝谈判。他呈交了长篇的国书，大体内容是原定的边界不太合理，应该向南推移几百里。神宗和王安石商量，分析辽国到底要干什么。王安石分析，辽国看到宋朝变法图强，富国强兵，他们有不安全感，来就是试探宋朝的态度和底线。神宗问辽国能否出兵开战，王安石说："臣料其不会主动开战，我们只要好言安慰，便不会有事，然后派一大臣前去边界谈判足矣。"

神宗接见了萧禧，谈判过程和王安石预料的完全一致。直到最后萧禧说："没有其他事情了。"会谈才很愉快地结束。但在边界问题上王安石的立场非常鲜明，寸土不让，坚持维持澶渊之盟时的结果，保持原有的边界丝毫不动。

宋辽边境上，在王安石的部署下，军事防务工程正有条不紊地进行，一天也没有停。

几天里，神宗批示具体减轻百姓负担的举措，包括动用常平仓的粮食储备救助百姓，以市场百分之六十的价格向百姓提供粮食，减免一些商品的交易税等，一共有十八项。民心开始稳定。然后神宗昭告内外并下罪己诏，乞求天降甘霖。

老天作美，就在神宗下《罪己诏》而率领群臣祈雨的次日，京畿地区普降大雨，朝野欢欣。神宗将郑侠的奏疏和《流民图》让几位大臣传看，然后问王安石："卿认识郑侠吗？"王安石说："曾经跟从我学习过。"

王安石当即提出避位。神宗不许，并要求京兆尹追查郑侠擅自动用马递程序之罪。这其实是给王安石一个面子。

我们应该客观看待和评价这一事件。王安石工作是有疏漏的，京畿地区这么严重的灾难，百姓生活如此困苦，为什么不派人下去调查后立即采取解救措施？以他的地位和威望以及爱民的心理，是应该如此的。

从朝廷出来，王安石心事重重。他的心里五味杂陈，变法以来，终日殚精竭虑，夙兴夜寐，呕心沥血，但举步维艰，始终处在顶风逆行的状态。那么多老朋友和同道都和自己疏远甚至对立。郑侠的举动令他悲愤。自己曾几次想提拔他，让他帮助自己推行新法，如今他却成了攻击自己的先锋。他在奏疏里并没有点自己的名，但完全站在自己政敌的立场。为什么会这样？王安石想不明白。他心灰意冷，决心要退出官场休息一下了。

王安石怀着复杂的心情，写下第一道请求辞去政务的札子。

他言辞恳切，反复陈述道理，最后一句又许诺说，等自己休息一段时间后，如果圣上再起用他的话，他还会再出来任皇帝驱策的。

翌日早朝后，王安石亲手把辞呈交给神宗。神宗览后，心情也很沉重，一再挽留。王安石决意要辞职休息一段时间，并向神宗推荐韩绛和吕惠卿，说这二人对圣上忠心，对变法很坚决，也都精干明敏。

韩绛本来是神宗老师韩维的兄长，神宗当然了解其为人，吕惠卿在整个变法过程中，一直立场坚定，始终坚决支持王安石的工作。王安石还对神宗说，许多人从变法一开始就坚决反对，但新法现在已经深入人心，只要继续贯彻执行，注意纠正出现的一些问题，朝廷政事不会有什么大的麻烦。宗室皇亲国戚及保守派所掀起的这场风波主要是针对他王安石来的，只要他退出相位，就可使目前的事态平稳一些。

神宗再次挽留王安石，王安石没有动心，共三次上《乞解政事札子》，坚决要求辞去相位而且以有病为由不再上朝理事。最后，神宗终于批准了王安石的请求，下诏书：王安石以使相的身份出知江宁府，安心休息。

第二节　君子之交

　　两条大官船在从东京通往江宁的水道上缓缓航行。东方已经出现曙光，王安石从深深的睡眠中醒来，他微微动了一下头，觉得头脑非常轻松，这是几年来没有的感觉。昨天傍晚饭后，他在船舱外的甲板上散了一会儿步，觉得浑身疲惫，脑袋有些发胀，肌肉都有些酸软，便回到船舱里睡觉。

　　由于心里没有杂事，所以躺下就睡着了。夜间仿佛醒过一两次，当时觉得脑袋有些疼，嗡嗡的，可一翻身又睡着了。

　　这一大觉睡得太香甜了，连梦都没做，或者是虽然做过梦可醒时又忘记了。王安石使劲地伸了伸懒腰，整个身体感到一阵轻松。睡在身边的夫人吴氏早就醒了，可怕惊动丈夫，便没有作声，而是静静地端详着丈夫略带憔悴的面庞。

　　这是熙宁七年（1074年）的夏天，王安石已经54岁。从熙宁二年出任参知政事开始变法算起，已经是六个年头。六年时间里，王安石和神宗皇帝共同谋划军国大政，宵衣旰食，日夜操劳，要承受来自各个方面的攻击和压力，他感到传统的保守势力太顽固，力量太强，无谓的争论太多，自己太累了。

　　这次来自朝廷内外的攻击力度很大，契丹也赶来挤对自己，这倒帮了自己的大忙，因为如果不是这种形势，自己还无法从繁忙的政务和无休止的争论中解脱出来。看来一切事情都有正反两面，如果换个角度想一想，一切烦恼和郁闷或许就都消解了。

见妻子正斜倚着身子看自己，王安石微微一笑，说道："看什么？这么多年还没看够？你醒多长时间了？"吴氏的脸微微一红，说道："我醒好一会儿了。很久也没看官人睡得这么香了。我看你这几年都累瘦了，也老多了，两鬓都有这么多白头发了。"说着，吴氏用她那纤长的手指从王安石左边鬓角上轻轻一拄，揪下一根白头发。

"嗨，"王安石习惯性地把双手相叠，枕在脑后，长长叹了一口气，说道："人生短暂，曹孟德诗云'譬如朝露，去日苦多。慨当以慷，忧思难忘'，现在仔细体味一下，真是非常深刻的人生感慨啊。他写这首诗的时候，五十多岁，已经统一了北方，算是干成了一番事业。我如今也五十多岁了，头发白一点不是正常的嘛！变法虽然已见成效，但距离真正意义的成功还相差很远。我现在最担心的是圣上顶不住来自各方面的压力，使变法大业中途夭折，那我的心血岂不白费了吗？朝廷和百姓将会受到更大的损失。如果变法能够成功，就会造福于千秋万代，我就是少活十年二十年也在所不惜啊！"说到此，王安石动了感情，又长长地叹了一口气。

"你就是什么时候也忘不了变法。做梦说胡话都是变法。想一想这些年吧，因为变法你得罪了多少人？那么多皇亲国戚恨你，那么多大臣恨你。这还不算，那么多朋友也都疏远你，就连两个叔叔有时也对你有意见。真不知道你是图个啥！"吴氏有些嗔怪地说。

王安石瞥了夫人一眼，略带伤感地叹了一口气，什么也没说。

王安石起来，独自来到船头，望着东方的满天朝霞，他贪婪地呼吸着清新的空气，眺望着时隐时现的钟山，心中立即产生一种莫名的极为轻松愉快的感觉。他不禁想起陶渊明《归园田居》中"羁鸟恋旧林，池鱼思故渊"的诗句来。自己现在确实有鸟返旧林，鱼归故渊的感觉。

忽然，他的思绪又飘回了这几年所发生的一些事上。他最先想到的是自己一直非常尊敬的老前辈欧阳修，内心不禁有些酸楚。

那是在至和元年（1054年）九月，自己和朋友们游览完褒禅山后刚刚回到京师，听说欧阳修已经返回，于是第二天就去拜访。

其时欧阳修守丧期满，进京等候新的任命。六月进京，乞放外郡，未得批准。七月，诏命权判流内铨选。因写《论权贵子弟冲移选人札子》而得罪了权贵，只干了六天就被停职。八月，受命修《唐书》。九月，任命为翰林学士，兼史馆修撰。

王安石求见时，欧阳修正在书房阅读整理一些史料。

几年前，欧阳修就听到过王安石的名字，读过王安石的文章，并写信给曾巩，说自己想见王安石。但由于当时欧阳修远在滁州，王安石在京师，千里睽隔，又都忙于俗务，故未能见面。

王安石刚跨进书房的门，欧阳修就站起身来打招呼道：

"介甫，老夫早就想见你了，望眼欲穿啊！今天你光临寒舍，真是三生有幸。幸甚！幸甚！快请坐，快请坐。"

王安石很受感动，他早就知道欧阳修是个求贤若渴的人，见人有一善，就一定要百般奖掖，不遗余力，是有德君子。今日一

见，名不虚传，果然有礼贤下士之风。见其面目和善，两鬓已经
花白，额头上已出现几道明显的皱纹，但精神矍铄，两目炯炯有
神。王安石深深鞠了一躬道：

"久闻欧阳公大名，如雷贯耳。晚生仰慕清德已久，今日才
得以拜会，三生有幸。"

客套几句，很快转入正题。二人话题很广，从古到今，从朝
廷到地方，从学问到人生，无不涉及。而且二人学识相当，见解
也多有一致之处，谈得非常融洽，大有相见恨晚之意。一个多时
辰过去，二人却毫无察觉。

"介甫，你对这次听调，是怎么想的？"最后，话题转到王
安石的工作职务上，欧阳修非常关切地问。

"我已经几次封还中书发下的敕牒，不接受馆职的任命。这
恐怕您早已知道了。我实在是因为家庭负担太重才不得不请求外
任的。我现在也就只好等着了。"

"介甫，你的难处和想法我也理解，可外任本来不多。离京
师近的地方刚一出缺很快就被权贵子弟占去了。难啊！我前些日
子权判铨选之时，曾考虑给你留个位置，已经和铨选司其他同人
商量好，他们也都同意了。可你当时不在，没法征求你的意见。
所以也就迟迟没有发文。现在，这个位置还给你留着，不知你意
下如何？"

"不知您说的是什么职务？"

"是群牧判官，此职虽然也是朝廷之职，但与馆职不同。有
比较大的灵活性，能经常到地方上去，俸禄也不低。而且，群牧

司长官是包拯，此人严正廉明，为当世名士。在他属下为官，对你以后的成长和发展也有益处。你看怎么样？"

王安石还有些犹豫，但想到这个职务虽不太理想，却也可多得些俸禄，可以养家糊口，又可以更广泛地了解整个社会的情况，而且欧阳修为自己考虑得如此周到，不好意思再推托，就勉强答应了。不过，王安石请求欧阳修在适当的时候，还是想办法给自己安排一个可以施展才能的独立的工作为好。欧阳修自然答应。

"介甫请喝茶稍待，老夫有诗相赠。"欧阳修说罢，从书案旁拿出一张随时使用的信笺，提笔蘸墨马上书写，笔势迅疾，如行云流水。片刻，一首诗写完。王安石恭恭敬敬地接过来，仔细观看，只见是用行草体写的七言律诗，题为《赠王介甫》：

翰林风月三千首，吏部文章二百年。老去自怜心尚在，后来谁与子争先。朱门歌舞争新态，绿绮尘埃试拂弦。常恨闻名不相识，相逢樽酒盍留连？

读罢全诗，王安石颇受感动。这首诗说，王安石的诗像唐朝的李白那样有才气，文章像韩愈那样可以流传后世。自己虽然老了，但继承发扬孔孟儒道的雄心还在，以后的人谁能和王安石一争高低呢？现在，社会风气腐败不堪，庸官俗吏们终日醉生梦死，只知贪图享乐，很少有人过问和关心国家的命运和百姓的生活。只有我们不与世浮沉，还在关心国事，保持忧国忧民的赤子之心。早就听到你的名字却始终未能见面，令我经常感到遗憾。

今日相逢，我们何不喝上几盅，敞开心扉好好谈谈？最后两句，是要留王安石吃晚饭的意思。

太阳偏西，已到晚饭时间。欧阳修早已命下人备好简单的酒菜，留王安石吃晚饭。一片盛情，王安石也不好推托。

饭后，二人又到书房品茶。王安石也写了一首诗回赠欧阳修。

> 欲传道义心虽壮，强学文章力已穷。他日若能窥孟子，终身何敢望韩公。抠衣最出诸生后，倒屣常倾广座中。只恐虚名因此得，嘉篇为贶岂宜蒙？（《奉酬永叔见赠》）

大意是说，自己想要传播弘扬儒家孔孟之道的雄心壮志还是有的，但写作文章感到有些力不从心。他日若能窥探孟子道义的堂奥也就心满意足了，怎敢企图在写文章方面能赶得上大名鼎鼎的韩文公呢？我恭恭敬敬来拜访您，在您的晚生中我也是最笨拙的，却得到您的重视和奖掖。恐怕我会浪得虚名，您赠给我的美好的诗篇及那么高的评价我实在有些愧不敢当。

前诗表现出欧阳修爱惜人才，不遗余力地奖掖后辈的可贵品格，后诗表现出王安石对欧阳修无限钦佩和景仰的心情，也表现出他谦虚谨慎的风度。两诗既可看出宋人才学之广博和文思之敏捷，也可看出二人的相互敬重钦佩之情。后世学者有人在这两首诗上做文章，说王安石对欧阳修把他比作韩愈不满云云，纯是牵强附会。

这一年，欧阳修已经48岁，王安石才34岁。

数日后，王安石正式接受了群牧判官的任命。群牧判官是群牧司的属官，掌管全国军马饲养之事。当时作战，骑兵是主要力量，战马的作用特别大，所以在真宗朝专门成立了群牧司。群牧司的长官是群牧制置使，群牧判官只是此部门的一个中级官员。这样的官职，没有独立领导权，上支下派，还要经常到各地去处理一些工作，几乎无法发挥才能。

群牧制置使包拯是中国知名度最高的清官之一，受到历朝历代百姓的敬仰和爱戴，关于他的小说和戏曲非常多。

见面之后，果然如欧阳修所说，包拯为人公正刚猛，不苟言笑，下级都很敬畏他。暮春的一天，群牧司衙门庭院花圃里的牡丹花盛开，娇艳欲滴，十分美丽。这一段时间工作也非常顺利，包拯高兴，便置酒赏花，招待众位僚属，王安石自然也在其中。紧靠王安石坐的便是大名鼎鼎的司马光，当时也担任群牧判官之职。司马光比王安石大两岁，年龄相近。王安石到群牧司报到后就认识了司马光，二人接触最多，关系也最为密切。王安石发现，司马光学识渊博，尤其精于史学，对古代历史有极深的造诣。二人曾经在一起喝酒，酒量都极差。王安石喝不过三杯，过量头就发晕。司马光只能喝一杯，多喝半杯脸就红。

包拯高兴，他本人放开了喝，同时也劝下属们尽兴。众人见包大人如此，谁也不能不给面子，都尽力喝。司马光喝完第二杯，从脸一直红到脖根，可还是硬撑着喝。王安石则不然，喝过三杯后，别人怎么劝他也不再喝一滴，并向尊敬的上司表示歉意。包拯见他态度坚决，也不好强劝。事后，司马光很佩服王安石的自控能力，同时也初步领教了王安石的坚定与固执。

王安石一直非常钦佩欧阳修的学识和人品，只是在变法方面二人出现了分歧。青苗法刚刚出台的时候，身为地方官的欧阳修竟置朝廷法令于不顾，在本州拒不执行，而且还一再上书对青苗法进行责难，给王安石出了一道很大的难题，使王安石极其被动。

正是欧阳修和韩琦的两封奏章，使皇宫中的皇后太后们有了口实，使神宗皇帝对新法产生了怀疑。但尽管如此，在其他不执行新法的地方官员都受到处分或罢免的情况下，王安石征得神宗的同意，专门为欧阳修发一道诏旨，免除对欧阳修的一切处分。从这件事看，王安石是很重情义的人。

二人之间虽然出现严重分歧，但也只是就事论事，从没有对人有过什么不满和攻击。在产生如此大的分歧后，王安石出任同平章事时，老前辈欧阳修还写来了热情洋溢的贺信，其中说："伏审荣膺帝制，显正台司，伏惟庆慰。伏以史馆相公，诚明禀粹；精褆穷微，高步儒林，著三朝甚重之望；晚登文陛，当万乘非常之知。"

欧阳修是不轻易赞美人的，更从不谀人。一个忠正博学的君子的赞美要比一百个庸人的吹捧更有价值，更令人感到鼓舞。对自己颁布的青苗法那样反对，而对自己出任宰相之职又如此欢欣，这是何等宽广的胸怀啊！这更表明老前辈对自己学识和才能的高度信任。

想到这里，王安石对这位文坛泰斗油然而生怀念之情。此时

111

欧阳修辞世已将近两年。王安石又想起当欧阳修去世的消息传来时，自己那种悲伤的情景来。

那是两年前（熙宁五年）秋天的一个傍晚，欧阳修的长子欧阳发派人给自己送来丧信，说他父亲欧阳修已经在闰七月二十三（公历9月8日）去世。听到这一噩耗，王安石的眼泪马上就下来了，欧阳老前辈不遗余力地奖掖和推荐自己的一幕幕出现在脑海中。他实在抑制不住内心的悲痛，当即伏案展纸，奋笔疾书，一气呵成，几乎是用眼泪写成一篇感情充沛的祭文。

王安石和欧阳修都是光明磊落的大君子，有人说什么王安石如何排挤欧阳修、如何讽刺欧阳修云云，甚至将这些写进了《宋史》本传，《续资治通鉴》也采用其说，流毒甚广。这纯粹是无稽之谈，不值一驳。

六月十五，王安石回到江宁府南郊牛首山下的家中。他来到几年前自己在院中精心布置的花圃前，看到牡丹、芍药等各种花儿都已经枯萎飘零，心情有些惆怅。几年来，日夜操劳，连赏花的时间都没有，今天有这种闲情逸致，可花儿又都凋谢了。他以一首七言绝句《初到金陵》抒写自己的心境：

> 江湖归不及花时，空绕扶疏绿玉枝。夜值去年看蓓蕾，昼眠今日看纷披。

第三节　金陵晚秋

王安石的家在江宁城南郊的牛首山下。自从王益葬在这里后，王安石一家就定居此地。这里山清水秀，景色优美，距江宁县城数十里，过了江宁县城就是江宁府所在地、千古帝王之州——繁华的金陵了。

金陵（今江苏南京）从三国时期的东吴开始，直到陈朝灭亡，先后是东吴、东晋和南朝宋、齐、梁、陈的首都，故通常称之为"六朝古都"。

五代时的南唐也把首都建在这里，李后主在《虞美人》词中"雕栏玉砌应犹在，只是朱颜改"所怀念的"雕栏玉砌"指的就是南唐故国的宫殿。而南唐故国的宫殿直到此时还存在，只是主人已改，做了北宋江宁府的衙门。所以在当时州府一级的衙门中，江宁府的衙门建筑规模最大，金碧辉煌，颇有气势。

王安石虽然曾经出任过江宁知府，但因为政务繁忙并没有闲情逸致去游览这里的名胜古迹。这次不同了，虽然还有一些职衔，但都是虚的，没有任何实际的工作，真正闲了下来，他要好好游逛一番。

金陵是六朝古都，曾经几度繁华。它位于长江下游的东南岸，西有辽阔平坦的江淮平原，东连富饶美丽的江南鱼米之乡，周围有群山环绕，地势险要，自古就有"虎踞龙盘"之称。

金陵的西面是气势磅礴的长江，东、南、北三面有起伏不平的山岭。浩瀚的长江从西北方向流经这座历史悠久的古城后折而向东，奔流入海。著名的秦淮河如同一条银色的玉带由东南方向向西北方向斜穿过市区，汇入滔滔东流的长江。玄武湖和莫愁湖仿佛两颗璀璨的明珠，镶嵌在秦淮河的两边。

从金陵到京口（今江苏镇江）之间有所谓的宁镇山脉，宁镇山脉西部的边缘分成三个小支脉，环绕在金陵的东、南、北三个方向。王安石家所在的牛首山属于南面的支脉。

牛首山也叫牛头山，山顶上有两峰，遥遥相对，如同古代都城建筑的双阙，山上还有一座唐代建造的砖塔。紧连牛首山的南边是祖堂山，山下有五代时期南唐小王朝两个皇帝的陵墓。南唐一共有三代皇帝，后主就是有名的词人李煜，因亡国成为囚徒，当然也就没有建造陵园的资格。而他的爷爷烈祖李昇和爸爸中祖李璟则被埋在祖堂山脚下。

到家后，免不了许多亲朋前来慰问，王安石每日送往迎来，也挺忙碌的，数日后才得清闲。好朋友王微之来访，邀请王安石出去走走，散散心，王安石自然应允。二人不骑马，也不带随从，出了大门信步向南走去。

初秋时节，酷暑早已消退，正是游山玩水的好时节。和煦的清风徐徐吹来，不凉也不热。漫不经心地走在林间小路上，心中毫无挂碍，真是舒服极了。二人边走边聊，不知不觉间来到祖堂山脚下南唐李氏二祖的古墓旁。

荒冢古墓，断壁残垣，散漫无序的牛羊在陵园里吃草啃树，闲散无拘的樵夫牧童在荒坟边砍柴吹笛，一派荒凉的景象。二人触景生情，话题不知不觉间便转到了南唐的事上。

南唐的建立者李昪确实是个不可多得的英雄人物。他从小为人养子，受到过无数的人生磨难，经过难以想象的艰苦努力才创立南唐。

南唐因为姓李，据李昪自己说他又是地地道道的李唐王朝的宗室，是李渊的后代，所以在政治方面有很大的优越性，周边与其建立外交关系的就有三十多个国家。当时南唐国势强盛，地域广大，在同时期的割据诸政权中是"泱泱大国"。

可是，烈祖李昪死后，中祖李璟和后祖李煜都是昏庸之辈。二人词作得真不错，在中国诗词史上也有很高地位，父子俩的词被合称为"南唐二主词"。他们俩不残暴荒淫，就是没有治国安邦的政治才能，不到二十年时间，就把一个繁荣强大的国家弄得贫穷落后，终于被后起的北宋王朝灭掉。正因如此，他们的坟墓才会如此荒凉。

朝代的兴衰更替，是不以人的意志为转移的，是必然规律，但那些昏庸腐败的亡国之君依然会成为人们议论的话题。王微之就此事作了一首诗，王安石读后，怅然有感，也作一首曰《和微之重感南唐事》：

> 叔宝倾陈衍弊梁，可嗟曾不见兴亡。斋祠父子终身费，酣咏君臣举国荒。南狩皖山非故地，北师淮水失名王。天移四海归真主，谁诱昏童肯用良？

王安石以辛辣的笔法讽刺了那些昏庸失国的君主。其大意是说，陈后主荒淫误国，丢掉了万里江山；梁武帝萧衍迷信于旁门左道而使社稷倾颓。可惜的是同样在金陵建立王朝的李璟、李煜父子好像没有看到这些亡国之君的前车之鉴，未能吸取他们的教训，君臣酣饮，举国荒淫，终于蹈其覆辙，国破家亡，这才使李昪、李璟父子二人的庙前断了香火。最后一句把其亡国的原因归结到不能任用良臣贤才的方面，可以说是大有深意。

深秋的一天，王安石身穿便服，也不带随从，一个人独自到金陵城里游览，他登上秦淮河和长江交汇处岸边高地的一个酒楼，凭栏极目远眺。

只见满目秋色，江水滔滔，江面上烟雨蒙蒙，一只鸟从远处飞来，几条小船正顺江而下。天地广阔，江水悠悠，王安石顿时产生一种莫名其妙的惆怅，吟诗一首：

> 怀乡访古事悠悠，独上江城满目秋。一鸟带烟来别渚，数帆和雨下归舟。萧萧暮吹惊红叶，惨惨寒云压旧楼。故国凄凉谁与问，人心无复更风流。

心情不太好，王安石便走进这座酒楼，点了几样可口的小菜，要一壶上等好酒，自斟自饮起来。酒下肚，王安石想起自己这几年变法的经过来。

在这几年里，各种人物纷纷登台亮相。官场中，如果从对待事业的态度这方面来进行考察的话，大体上可分为三种类型，一种是干事的，一种是整事的，一种是混事的。

干事的人一心扑在事业上，只想把事业干好，其出发点是对整个天下负责，对百姓负责，对历史负责。但干事就要接触具体问题，就要得罪一些人。天下大治，部门大治，于邪人不利，必千方百计陷害之，谗毁之，必欲置之死地而后快。故干事业的人必然常常遭受挫折。

商鞅变法，秦国大治，本人却被车裂；吴起相楚，国富民强，拓疆展土，自身偏被乱箭射死；桑弘羊提倡盐铁官营，本来是利国利民之举，却一直遭到后世非议。这实在是太不公平了。自己变法以来，就曾多次被人含沙射影地指责是商鞅和桑弘羊之流。干事真是难啊！

整事的人则专门无中生有，唯恐天下不乱，他们好浑水摸鱼，捞取好处。这类人往往看风使舵，精于谄媚之术，经常出入于权贵之家，胁肩谄笑，阴阳人，两面脸，虽然没有什么真本事，但因溜须拍马而得势。别看公家的事一样也干不好，自己家的事却安排得井井有条。

与干事的人比起来，这种人因付出极少而得到极多，反而容易受到世俗绝大多数人的羡慕。但是，一万个庸人俗子的羡慕，也不如几位高尚的深知事理之人的崇敬有价值。媚世取容，这本身很庸俗。其实，孔子和孟子深恶痛绝的"乡原"大概就是指这种人。

混事的人则浑浑噩噩，做一天和尚撞一天钟。上支下派，上传下达，上边让怎么干就分配下去，至于干得怎样则不再过问。此类人虽然不会有什么政绩，但也不会有什么罪过。而这种人在官场中始终是大多数。

天色渐晚，夕阳只剩下一抹血红色的余晖映照在小楼上。王安石付过饭钱，再次来到刚才凭栏的地方。雨过天晴，天色如洗。长江从遥远的西南方向流过来，朝遥远的东方流去，水面澄净明澈，不远处青翠的山峦如同刚刚洗过一般。残阳中来往船只在江面上缓缓行驶，一家家酒馆的门口都斜挂着幌子，在秋风的吹拂下轻轻飘摆。江面上还有一艘艘彩绘精美的游船，云淡星稀，河的对面飞起一群白鹭，那景致真是太美了，任何高明的画师也难以画出这种神韵。王安石被眼前的美景打动了，惆怅顿消，不由地来了兴致，高吟出一曲《桂枝香》来：

> 登临送目，正故国晚秋，天气初肃。千里澄江似练，翠峰如簇。归帆去棹残阳里，背西风、酒旗斜矗。彩舟云淡，星河鹭起，画图难足。　念往昔、繁华竞逐。叹门外楼头，悲恨相续。千古凭高，对此谩嗟荣辱。六朝旧事随流水，但寒烟衰草凝绿。至今商女，时时犹唱，《后庭》遗曲。

本词题为《金陵怀古》，在当时就成为众口流传的名篇。据说当时以此为题并用《桂枝香》为词牌的有30多人，而这首词在这30多首词作中独领风骚。

　　王安石并不以作词闻名，这首词作却是难得的精品。韩文公云："气盛而言之短长与声之高下者皆宜。"是说人的道德学术修养如果到了一定的程度，那么他所写的文章一定是合于圣人之道的，也一定是精美的，真是千古不替的真理。后来苏轼见到本词后，叹息道："此老乃野狐精也。"

　　这一天，王安石还算很开心。

　　王安石本想彻底地休息一下，完全不过问朝廷之事，可他无法做到，从金陵游览回来后，他又有些忧心忡忡了。新法到底推行得怎么样呢？西北形势又如何呢？可千万不要因为我离开相位而影响了国家大事啊！这些念头令他心事重重。

第四节　将才与帅才

　　鸡就是鸡，不能成为凤凰；将才就是将才，不能成为统帅。鸡若充凤，百鸟不服；将要充帅，阵脚必乱。

　　王安石最关心和担心的是西北前线的情况。他非常清楚地知道，自己从相位上退下来，保守派的一些人一定会千方百计地破坏西北边事和阻挠新法。王韶面临的压力将更大。而富国强兵正是这次变法的主要目的。他怕王韶由于自己的离位而动摇，便给远在西北的王韶写了一封信。

　　这是王安石给王韶写的第四封信，他鼓励王韶要以国家为重，为朝廷和圣上分忧。虽然自己离开了相位，但边陲疆场已有的功绩是明摆着的，不是反对派舆论所能动摇和改变的，劝他不要有顾虑。

朝廷中的情况又怎样呢？王安石辞相后，一段时间里风平浪静。保守派的攻击力度减弱了，两宫太后的脸上也有了笑容，再也不向神宗流泪了。曹太皇太后得寸进尺，向神宗提出要求，要全面废除青苗法、市易法、免行钱等一系列新法，神宗没有答应。

写到这里，顺便将这位太皇太后曹氏的来历交代一下。仁宗皇帝最初的皇后姓郭，她性格不好。由于仁宗当时宠爱尚美人和杨美人，郭后非常嫉妒。一次，仁宗皇帝和郭皇后、尚美人、杨美人在一起，话赶话中尚美人冲撞了郭皇后几句，郭皇后大怒，直接奔向尚美人举手就打，仁宗急忙起来拉架，郭皇后失手一下子挠在仁宗的脖子上，仁宗的脖子上出现三道血印，重的地方冒血珠。几人不欢而散。

仁宗大怒，提出废郭皇后。大臣中坚决支持废弃皇后的是宰相吕夷简，坚决反对的是以范仲淹、孔道辅为首的十名大臣。最后由于仁宗的坚持，还是废了郭皇后，对尚美人和杨美人也进行了处置。

正因为郭皇后被废，后位出现空缺，众大臣才研究推荐北宋开国大将曹彬的孙女作为皇后，并得到认可。其实，一切都是命运，如果郭皇后不犯低劣的错误也就没有曹皇后了。在仁宗死后，神宗的父亲英宗入继大统，这位曹太后便升格为太皇太后，还垂帘听政了一段时间。

太皇太后曹氏之所以敢干预政事，除了她是仁宗皇帝的皇后，名分上是神宗的奶奶外，还有两个原因。一个原因是她是英宗皇后即高太后的亲姨娘，而高太后当初能够被立为皇后，也与这位老妇人有关，英宗以旁支入继大统，更与她有关。所以，高太后对她一直特别尊敬，而神宗对这位奶奶也很敬重。

另一个原因就是她手中还有一把撒手锏，这就是她始终珍藏着的一个精美的宝匣。她从来没打开过，也不让旁人看，谁也不知道里面装的是什么宝贝。

后来一直到元丰年间，她在病重时才把这个宝贝匣子交到神宗手里，临死前嘱咐说，等她死后，才可以打开匣子观看，但千万不要为此而对任何大臣治罪，一切要像未打开匣子以前那样；让神宗看匣子里面的东西，主要是希望神宗能够理解今天皇位得之不易，要加倍珍惜，要善待祖宗，善待百姓，千万把天下治理好。

待丧事办完，神宗打开匣子一看，里面保存的都是当年仁宗在选择接班人时，许多大臣坚决反对选择英宗入继大统的奏章。可见仁宗最后确定英宗为嗣子是做了很大努力的。而如果不是皇考英宗继位，自己今天又怎能成为天子呢？饮水思源，神宗不由自主地流下几行热泪。他暗暗下定决心，一定要把变法进行到底，把天下治理好，这才对得起祖宗。当然，这些都是几年后的事，此处顺便一提。

保守派及皇亲国戚等以为王安石一离开朝廷，新法很快就会被废止。他们有些太乐观了，以为新法的制定与推行就是王安石一手搞成的。其实，变法之所以能够进行，关键人物是神宗而不是王安石，所以，他们全面否定新法、废止新法，神宗当然不能答应。

在王安石离开政坛之前，神宗采纳王安石的意见，对执政人员进行了重新安排。坚决支持新法而又很有社会名望，在保守派阵营中也很有威望的韩绛被任命为同平章事，是正宰相之职，接替王安石的位置。

变法的中坚力量，王安石左膀右臂之一的吕惠卿被提拔到参知政事即副宰相的职位上。这样，执政大臣依然以变法派为主体。所以，新法依旧在运行中，只不过做了一些局部的修订而已。

宗室内的保守势力和对新法恨之入骨的皇亲国戚及保守派大臣想要动摇新法的企图没有成功，就开始攻击韩绛和吕惠卿。他们称韩绛为"传法沙门"，称吕惠卿为"护法善神"。这样的称呼倒恰恰说明二人在维护新法方面的立场和功绩。

在王安石离开前，变法派内部已产生分裂，这就是曾布和吕惠卿争权夺势。曾布见当时保守派势力太强，立场便产生动摇，联合保守派攻击王安石重用的吕嘉问，企图通过整治吕嘉问来扳倒吕嘉问的直接上司吕惠卿，这样就可以取代吕惠卿的地位而成为变法派的第二号人物。

他把问题看得太简单了，吕惠卿是王安石最信任的人，当时主管市易司，如果全面否定市易司的工作则正好中了保守派的圈套，将动摇整个新法。更主要的是保守派对吕嘉问的攻击全是捕风捉影之事，神宗和王安石当然不会上这个当。结果是吕惠卿不但未被扳倒，反而被提拔为参知政事了，曾布如何能咽下这口气？

曹太皇太后和高太后都还很健康，这两位老妇人见王安石虽然离去，可新法依旧实行，就不断地向神宗施加压力。变法派内部的曾布对吕惠卿更是耿耿于怀，恨不得尽快把他赶出朝廷。保守派势力见有机可乘，便加紧进行夺取执政大权的活动。变法派面临着新的威胁。

曾布在吕嘉问一案时已很被动，他的奏章在排挤王安石出朝廷时起了一定作用，但他的人品马上就被人们所鄙视。而且，他弹劾吕嘉问的证据也不充足。神宗命章惇和曾孝宽调查处理此案，彻底根究市易司之事，详细核查市易司事务与曾布的奏文。结案后，原来曾布所奏之事全是捕风捉影，与事实不符，曾布以"不应奏而奏，奏事诈不实"的罪名出知饶州，离开了政治中心，而对吕惠卿真正造成威胁的是保守派。

但吕惠卿确实不是执政大臣的材料，他只能做具体工作而缺乏统筹全局的能力，只是个将才而不是帅才，也正因如此，自从王安石罢相后，变法派就缺少一个核心人物。这就使许多政客跃跃欲试，都想要一试身手，尝一下当宰相的滋味。

开始时，保守派都把希望寄托在吕嘉问一案上，以为通过此案可以打倒吕惠卿，只剩一个曾布就好对付了。没想到会出现那种结果，所以他们不得不赤膊上阵。

公开跳出来打前阵的还是郑侠，他又上一书，说吕嘉问一案问案不公，吕惠卿"朋党奸邪"，请求罢免吕惠卿，起用冯京为相。郑侠的做法是聪明反被聪明误，本来想把冯京推到宰相的位置上，结果却恰恰露出了这个一直隐藏在幕后的人。

神宗见到郑侠的奏章，勃然大怒。对于郑侠把《流民图》用马递的方式传给自己，神宗本来就不满，但考虑王安石也该休息一下，所以就把气忍住了。今天见郑侠公开提出要罢免吕惠卿而重用冯京，大有向变法派下战书的意思，神宗怎能不生气？于是免去郑侠的一切官职，编管汀州，把郑侠监视起来。

神宗的内心深处对变法一直是非常坚定的，对王安石也非常信任和敬重。神宗知道郑侠的奏章不是孤立的，一定有很深的背景，背后还有人。

这时，吕惠卿又提出要对郑侠进行彻底追究，要查出幕后黑手。神宗批准，对郑侠攻击免行钱事、献《流民图》事以及这次上奏章之事数案并办，同时调查。结果查出幕后黑手正是参知政事冯京。

冯京是三朝元老富弼的女婿，他基本上是站在保守派立场上的，只不过是态度不像司马光和苏轼那样明确坚决罢了。因为富弼的关系，加上冯京本人也很有才能，所以王安石在执政时把他提拔为枢密副使，后来他又晋升为参知政事。

他见变法派内部产生分裂，有机可乘，就想浑水摸鱼，弄个宰相当当，于是指使郑侠献图上疏，各个击破，把变法派一个一个地挤出朝廷，没想到弄巧成拙，不但未当成宰相，反而把参知政事这个副宰相的头衔也弄丢了。神宗一怒之下，让他到亳州去当知州。

郑侠被编管，冯京被出外任，保守派的进攻又一次失败。这时，因为当年阻挠王韶经营西北而受到贬谪的李师中见王安石离开朝廷，也试探着对变法派进行攻击。他以天旱为由，说只要神宗皇帝能重用有威望的大臣，如司马光和苏轼、苏辙兄弟等，老天爷就会下雨，但遭到神宗的严厉批评。

新法还在继续推行，韩绛和吕惠卿还在继续执政。保守派的进攻已不见效果，神宗坚持变法的决心没有动摇。然而，吕惠卿本人的一个做法又引起了一场风波，使得天下骚然、朝野震动。

吕惠卿见保守派的进攻没有奏效，曾布又远离朝廷，便想要干出点样子来给世人看看，证明自己也是个人才，离开王安石照样可以出台新法。

这时，下边有人报告说免役法在实行过程中出现了新问题，即有人隐瞒自己家的财产情况以逃避或少交免役钱。吕惠卿便利用这种情况大做文章，要出一出风头，他采纳弟弟吕升卿的意见，新创造一种办法，起名叫"手实法"，以此作为免役法的补充。

所谓的"手实法"实际上类似后世的私人财产登记，即把天下百姓按照居住区进行财产登记，由户主向当地政府申报。各类物品，由国家制定参照价格，再由各地方政府掌握一定程度的地方差价。凡是固定的财产，每户都要如实申报，不得隐匿。如有隐匿者，一经查明，隐匿的财产就要被没收充公。因为如果没有如实申报就没办法认定到底是不是你的财产。

又规定相应的鼓励措施，鼓励知情者对隐匿财产的人家进行举报。凡举报属实者，用查没财产的三分之一奖励举报人。这可是个不小的数目，有很大的吸引力。

手实法出台后，扰得天下纷然。官吏们趁机大捞外快，对百姓们挨家挨户进行财产估算，一条地垄一根椽子都要登记上册。有的无赖之徒专门到处去探访谁家隐匿了什么，然后便进行敲诈勒索。

一时间里把本来太平的天下弄得乌烟瘴气，到处鸡飞狗跳，百姓们怨声载道。吕惠卿一下子成了众矢之的，反对手实法的奏章不断地上交到神宗皇帝的手中。

神宗皇帝对吕惠卿的一些做法早就有些不满。一是吕惠卿执政不久就把他自己的两个弟弟提拔起来，这令神宗有些瞧不起。再就是吕惠卿在处理追究郑侠和冯京之事时，千方百计要牵进王安石的弟弟王安国，从而达到牵连王安石的目的。这样就可以抑制王安石，避免王安石东山再起，他便可以长时间执政，说明其心胸十分狭窄，权势欲太重，不是君子。

手实法的事件一发生，神宗对吕惠卿的信任更加动摇，他又想起王安石了。他觉得无论从学识还是从人品才干上，吕惠卿都无法与王安石相提并论。于是，神宗下决心要请王安石再度执政。可王安石已经有些伤心，能接受任命再度出山吗？

第五章 明月何时照我还

第一节　东山再起

来年（熙宁八年，1075年）正月末，王安石接到朝廷发来的诏书，请他马上返回京师出任同平章事之职，继续执政。圣旨语气坚定诚恳，似乎没有推辞的余地。

王安石一下子陷入深深的矛盾之中。回去继续执政，他对官场中的那些琐事应酬、明争暗斗、相互倾轧实在有些厌腻了，他从内心里不愿意再去。但高度的社会责任感和神宗皇帝的知遇之恩又使他无法坚决推辞。

神宗皇帝对王安石的信任和尊重程度，在古代帝王中也是不多见的。神宗经过慎重选择，力排众议起用王安石为参知政事，一年后拜相，其后一直对其信任有加，尽管有那么多人攻击诽谤，可神宗皇帝始终对其信任不疑。应该说，变法的前三年，神宗和王安石精诚合作，相互信任，人们都说这对君臣如同一人。三年后两人才逐渐出现一些分歧，但还不严重。

前年春夏之际，由于免行钱风波，在王安石受到几面夹击的时候，神宗的压力也不小。在这种十分艰苦复杂的情况下，神宗并没有对王安石产生怀疑，对变法的决心也没有从根本上动摇，这是难能可贵的。

当时，是王安石自己审时度势，为了缓和一下紧张的局势，减少一下神宗的压力，而且也感觉太累了，几次上札子恳请辞去相位休息一段时间，神宗这才勉强有条件地批准了。

当然，王安石一再要求离任，还有一个重要原因，就是王安石的长子王雱当时患有重病，京师环境不好，不适于疗养，回到故乡也便于给儿子治病。

离开京师的时候，神宗一再嘱咐王安石要安心休息、好好养病，对他儿子王雱的病情也很关心。虽然解除王安石同平章事的宰相之职，可神宗又任命他为"观文殿学士吏部尚书知江宁军府事"，品级并没有什么变化。可见其圣宠不衰。

回到江宁后，不到一个月，神宗就派中使即内侍专程看望王安石，并送来一些营养品和药材。关切之情，令人动容。

大约一个多月后，王安石的弟弟王安国在郑侠和冯京一案中被吕惠卿整治，吕说他和冯京同是后台，共同要赶王安石下台，反对新法。王安国一口气窝在心中，病重不起，在八月十七日郁郁而终。

王安石极其悲痛，这时，神宗皇帝又派人专程前来慰问，王安石感动不已。神宗皇帝对于他可谓皇恩浩荡、恩德无边，王安石认为这样的君主需要自己再出山执政，即使累死，也不应该推辞。

此处顺便交代一下王安国在郑侠一案中到底是怎么回事。王安国和郑侠确实认识，以前关系也很不错。郑侠在献《流民图》对新法发动进攻后，有一次在途中遇到了王安国，二人打过招呼后，谈起了新法之事。郑侠说："尊兄学识渊博，为人正派，是个君子。只是被小人所误，才变乱法度，把事情弄到这种地步。"

王安国马上接过去说："不能这样说，我兄长是为天下苍生社稷着想，才挺身而出，改革图新，承担一切重任的。兄长是有主见之人，非小人所能蒙蔽。"

吕惠卿便说他们俩在一起图谋，共同反对新法。

后来又有人到处造谣说，王安国参加了郑侠和冯京攻击王安石的活动。其目的是诬蔑王安石太不近人情，连他的同胞弟弟都反对他。

又过不久，王雱的病情时好时坏，治疗效果不佳。不知道消息怎么传到京师，神宗特派中使专程前来慰问，并派医术高明的冲静处士张谔来为其治病，这更令王安石感动落泪。

另外，朝廷中的情况也确实堪忧，韩绛被称作"传法沙门"，却也只是继续执行新法而已。吕惠卿虽然被称作"护法善神"，但由于本人总想要搞名堂，有急功近利之心，社会声望欠佳，故大失民心。而他一手搞起的"手实法"更是害民扰民的弊政，弄得民怨沸腾，如果不赶快想办法纠正的话，会给新法抹黑，再严重些或许会成为保守派攻击新法的突破口。这些情况，都迫使王安石不得不违心地再度出山执政。

王雱的病情经过几个月的调养有了很大的起色，在神宗的一再督促下，王安石于二月中旬起身，依依不舍地离开故乡，乘坐官船北上。

一天的水路，王安石的心情一直郁结不开，仿佛是阴天，始终露不出日头来。傍晚，船停靠在金陵以东第一水路军事重镇京口对面的瓜洲渡口。

王安石回忆起第一次进京的时候，也曾经住在这里，那次，他去访问了一位老朋友，坚定了他赴京并从政的决心，那情景历历在目。

那是熙宁元年的春天，王安石接到圣旨，诏命他为翰林学士，进京任职。他内心很矛盾，自己确实想要为朝廷和百姓干一些实实在在的事情，但官场中尔虞我诈，他依然没有下定决心。于是他到当时正在金山寺讲法的宝觉祖心大师那里征求意见。

这年王安石四十八岁，正是人生精力最旺盛，也是阅历丰富的时期。宝觉祖心大师四十四岁，已是佛教界有名的人物，是禅宗黄龙派主持慧南的得力助手，可以独立讲经说法。

在一间不太宽敞且装饰俭朴的僧房里，王安石和宝觉祖心大师对床而坐，两床的床头中间有一个柜子，上面放着一盏油灯。灯光不太亮，灯火的大小和大的豆粒差不多，所以被称之为萤豆青灯，还很贴切。

二人已在斋堂用过晚膳，庙里的小和尚泡了一壶西湖龙井，淡淡的清香飘荡在屋里。王安石和宝觉祖心大师都深深吸了几口气，连连赞叹这沁人心脾的茶香。二人寒暄过后，进入主题。王安石问道："和大师交往多年，多次受教。这次又遇到难心之事，特来向大师求教。"

"施主之问，老衲能够猜到几分。是不是关于仕隐进退之事？"宝觉祖心大师很爽快。

王安石道："我今天又接到圣旨，宣我进京出任翰林学士，我有些犹豫不决。是去？还是不去？"

"圣旨宣诏，应该立即就去啊，这有什么可犹豫的？"宝觉祖心大师回答，他可是毫不犹豫。

王安石道："朝野许多朋友、士人都知道我曾经几次坚决推辞官职，先帝英宗朝也曾经三次征召我进京供职，我都坚决推辞了。这次是新皇召我进朝，而且是出任翰林学士，如果我前去，则可能有人认为我求官心切。而且先皇三次召我进京，我都坚决推辞不肯前去，如果新皇一召即去，则好像对先皇不敬。这也是我的顾虑。"

宝觉祖心大师仔细听着，略微沉思一下，说道："介甫兄当时不去，必有不去的理由。"

王安石微微点头道："当时一是母丧刚除，心情还比较悲伤，二是……"

"介甫兄不说也罢，老衲心里明白你想说什么。那么，这次你则应该立即进京！"宝觉祖心大师说得非常肯定。

王安石迟疑一下，道："为什么？"

"介甫兄，来！予与尔言。怀其宝而迷其邦，可谓仁乎？"

王安石一愣，但马上就明白了，回答说："不可。"

"好从事而亟失时，可谓知（智）乎？"宝觉祖心大师继续问。

"不可。"王安石应答如流。

"日月逝矣，岁不我与。"

"诺！吾将仕矣。"

对完话，二人都放声大笑。

原来，他们的对话出自《论语·阳货》篇。当年阳货一心要拉拢孔子出仕，而孔子坚决不肯。于是阳货便趁孔子不在家时，以季氏的名义给孔子送去一只小猪。按照当时的礼节，如果"大夫有赐于士，不得受于其家，则往拜其门。"（《孟子·滕文公下》）阳货是趁孔子不在家时代表季氏送礼，按照礼节孔子就必须亲自到季氏府去回拜。

孔子是最遵守礼制的，所以阳货给孔子出了道难题，而孔子一定要解这道题。于是孔子采取以其人之道还治其人之身的策略，趁阳货不在时去回拜，既不失礼又不见阳货。但在回来的路上孔子遇到了阳货，没有办法避开。于是便产生了上面的对话。

如果从对话的字面看，孔子答应阳货即将要出仕了。答应归答应，行动归行动，在阳货当政的时期，孔子始终没有出仕。这便是权变。王安石精通儒家典籍，而宝觉祖心大师也是儒学大师。当时很多佛教高僧的儒学学问都极其精湛。所以宝觉祖心大师灵机一动，模仿阳货的语气问王安石，王安石明白后自然应答如流了。

是宝觉祖心大师的话坚定了王安石进京的决心，当时的情景

历历在目。他曾经写《松间》一诗表达了当时的心情：偶向松间
觅旧题，野人休诵北山移。丈夫出处非无意，猿鹤从来不自知。

想到这里，王安石笑了笑，心想：不知什么时候能再见到大
师，与他谈话就是开心，这次进京，时间紧迫，而且大师也不在
附近，何时能够见到，只能看天意了。

他想到江南如今已是一片绿茵，春风再次吹遍大地，新的一
年又开始了。宇宙无穷无尽，无始无终，而人生太短暂了。正因
为太短暂，所以人生就更宝贵。然而，什么才是人生的最大乐趣
呢？就像今天晚上，就像现在，心中没有任何负担，没有任何挂
碍，尽情地欣赏清风与明月，心凝形释，与万化冥合，这才是人
生的真谛。想到这里，他的心中产生一种难以形容的喜悦。

忽然，他的心绪又回到现实。几天后又要回到朝廷，又要
陷入永无休止的烦琐的政务中，他真感到有些厌倦，但又无可奈
何，他盼望着能尽快把推行新法的形势稳定下来，一旦可以脱
身，自己要尽快退出名利场，再过这种无拘无束的隐居生活。什
么时候能再回来呢？他写下一首脍炙人口的《泊船瓜洲》，抒发
自己的心情：

> 京口瓜洲一水间，钟山只隔数重山。春风又绿江南
> 岸，明月何时照我还？

刚刚离开家，才走到半路就想着要回来，可见王安石确实是
太厌倦官场了。

经过十多天的颠簸，王安石一家到达京师。王安石马上去觐见神宗，神宗非常高兴，慰问一番，并让王安石稍事休息后立即到中书省主持工作。

王安石离任不到一年，大的政策方针都没有变化，一切新法都在执行，要解决存在的问题只是需要调整一些具体条文。

最突出的问题是手实法，民怨太大，也确实需要进行大的变动。但此法是吕惠卿一手炮制的，而且在王安石离相后他所独立制定的只有这么一项附属性的法规。如果王安石一上任就将其废除，实际上几乎等于否定了吕惠卿一年的工作。所以，王安石有一定顾虑。而且，在当初内外夹击进攻新法、攻击王安石的时候，连变法派的骨干曾布都站在保守派一边，上奏章要求查办吕惠卿，情况十分复杂。在这个关键时刻，吕惠卿始终坚定地站在新法一边，才使形势没有发生大的变化。基于这一点，王安石还是很感激和钦佩吕惠卿的。

但不管王安石如何努力，他一回京师任职，就决定了他和吕惠卿之间必然产生矛盾。因为吕惠卿早就想要坐宰相的交椅，曾布离开朝廷，如果王安石不回来，再提拔宰相就非他莫属了。所以，他最害怕的就是王安石回来。吕惠卿追治郑侠一案，千方百计牵进王安国，其真正的目的也是为了遏制王安石复出。王安石此次一回来，吕惠卿怎能不芒刺在背呢？

王安石很谨慎，对手实法所造成的不良后果采取了一些补救措施，整个形势又稳定下来。六月，神宗又加任王安石为尚书左仆射兼门下侍郎之职。王安石的实际权力和待遇再次提高。王安石连上三道札子推辞，神宗不允，他只好接受。

数日后，神宗又授王雱为龙图阁直学士。王安石见到圣旨，感激之余又感到十分不安，因为王雱一直在自己身边看病，没有做什么实际工作。神宗这样做是表示对自己的恩宠，但这样做恰恰对自己不利，对朝廷也不利。自己接受尚书左仆射兼门下侍郎的任命，虽然也有些过誉，但毕竟自己做了许多工作，于道理上也说得过去。可王雱纯粹是无功受禄。王安石寝食不安，于是坚决推辞这一任命。他连上三道札子，其中第三道札子说：

> 自尔以来，雱以疾病随臣，不复与闻经义职事。今兹罢局，在雱更无尺寸可纪之劳。不知何名，更受褒赏。非特于臣父子私义所不敢安，窃恐朝廷赏罚之公，如此极为有累。伏望圣慈，察臣恳恫，追寝误恩。非特臣父子曲蒙保全，亦免众人于圣政有所讥议。

出于一片忠正爱国爱君之心，言辞恳切，道理说得清清楚楚。神宗见到这道札子，也没有再坚持。

王安石不用自己手中的权力为自己或家人谋一丝一毫的名声和利益，皇帝主动给的都一推再推，无功受禄的事更坚决不做，不但自己如此，也要求自己的家人如此，这才是一个正直有德之人。

六月戊午日，三朝元老韩琦去世。由于他在英宗得立和神宗继位时的突出表现，神宗和王安石决定以他配享英宗庙庭，即在英宗庙的侧位，给他设个牌位。这于古代大臣是极高的殊荣。

韩琦虽然反对新法，但政治上光明磊落，有大臣之体，王安石对他一直是很钦佩的。在为韩琦送葬之后，王安石写了两首七律来抒发怀念之情，这就是《韩忠献挽词二首》：

其一

心期自与众人殊，骨相知非浅丈夫。独斡斗杓环帝座，亲扶日毂上天衢。锄耰万里山无盗，衮绣三朝国有儒。爽气忽随秋露尽，谩凭陈迹在龟趺。

其二

两朝身与国安危，典策哀荣此一时。木稼曾闻达官怕，山颓果见哲人萎。英姿爽气归图画，茂德元勋在鼎彝。幕府少年今白发，伤心无路送灵輀。

全诗对韩琦的人品和伟大贡献给予高度的评价，最后两句写出自己与韩琦的关系，表现出深深的悼念之情。

九十月间，吕惠卿因为他弟弟的事又遭到人们的弹劾。他用弟弟吕升卿主持国子监选拔贡生的考试，吕升卿以权谋私，将其才质平庸的内弟方通录取为高等。舆论大哗，吕惠卿兄弟的名声本来就不佳，经过这件事更是雪上加霜。

吕惠卿非常精明，知道自己当宰相的希望已彻底破灭。王安石复出后，很明显在培养重用王珪和吴充，而自己又不断遭到舆论的攻击。于是吕惠卿几次要求出外任，离开朝廷。

神宗进行挽留，王安石也到他家中劝说，但吕惠卿坚决要离开，最后得到批准，以本官出为陈州知州。吕惠卿临走时，向神宗建议一切事都采纳王安石的意见，变法大业定能成功。

吕惠卿走后，王安石很快就废除了手实法，民怨渐渐平息下来。

新法在健康地运行，朝廷各项工作开始走上正轨。王安石有意把主要工作交给王珪和吴充去做。

他发现王珪为人忠诚谨慎，虽无创业的能力，但守业还是绰绰有余的。王珪人品好，与自己是同年进士，名次还在自己的前面，社会名声也不错，于是把许多需要决策的大事交他去办，为自己早日退隐做好人事上的准备。

来年春，王安石见朝廷的一切已经走上正轨，就试探着提出退出政坛的想法。

第二节 萧禧又来了

社会的运转也像前进的列车，一旦驶入某一轨道便会产生很大的惯性，只要社会秩序是确定的，不朝令夕改，那么这个社会运转的大轮子便会按照自己的轨道前行。

变法已经进入第六个年头了，如青苗法、免役法等主要新法都已经正常开展，而且其实际的社会效果证明了这些新法的正确。国家财政状况大大好转。国家的军事实力也在迅速提升，潜在的军事力量更是不可小觑。

这些，都使王安石感觉很欣慰。王韶建立的熙河路，阻住了西夏对宋国的进攻，西北已经建立起稳固的边防。目前王安石可以专心对付契丹了。而正是朝廷对契丹的态度，才促使他产生坚决辞相的念头。

朝廷里由变法引发的斗争时起时伏，不仅是变法派与保守派之间的斗争，变法派内部也相互拆台。王安石的儿子和吕惠卿便有些势不两立。自从王安石回来，吕惠卿便暗中拆台，而王雱当然会站在父亲的立场上维护父亲。这时，辽国也来掺和，形势日益复杂，加速了神宗和王安石矛盾的加剧。

其实，在熙宁七年四月，辽国便派萧禧来谈判，提出要重划疆界的要求，由于王安石坚持而未果。辽国当时的目的便是试探宋朝的底线和王安石的态度，顺便行反间计，使王安石辞职。只要王安石离开朝廷，他们便可以放心了。辽国上下都知道，宋朝君臣都有战争恐惧症，一提打仗就哆嗦。韩琦、富弼、文彦博、司马光等都是怕战之人，反复强调和戎，其实就是屈膝投降，花钱买和平。众大臣中，只有王安石有大志，对辽国始终不卑不亢，没有一点软弱的表现。

听说王安石复相，辽国君臣一番讨论，最后决定再次派萧禧前来，旧事重提，试探一下宋朝君臣的底线。如果能够争取点土地便是胜利，如果不能得到土地，能够加深神宗和王安石的裂痕，或者把王安石再挤对下去，也算是胜利。

辽国派萧禧再度来到汴京，再次提出重新划定蔚、应、朔三州地界的问题。

辽国君臣都很惧怕王安石，早在仁宗皇帝嘉祐五年（1060

年）春天，王安石在三司度支判官任上时，曾经奉命以"伴送使"的身份送辽国使者到边境。

王安石《伴送北朝人使序》中写："某被敕送北客至塞上，语言之不通，而与之并辔，十有八日。"在这次担任伴送使的十八天里，王安石和辽国使者吃住在一起。其实，当时契丹人说的是汉语，王安石所说的"语言之不通"，可能指很少与他们交流，而不是双方语言不通。

王安石始终不卑不亢，礼数不差，但丝毫没有谄媚相，与其他伴送使大不相同，令契丹人另眼相看。王安石曾经阻止了一次手下人和契丹随从因喝酒而产生的争执。起因是喝酒喝到一定程度，王安石手下的人想要离席，而契丹人觉得没陪尽兴，便极力挽留。契丹是北方少数民族，人民热情豪爽，但有时热情豪爽得过分，所以王安石命手下稍微再陪一会，使辽国使臣们安定下来。

伴送使的经历，为王安石赢得了契丹使者和随从的敬畏。后来王安石执政变法，使宋朝开始富足强大起来，尤其是王韶用招抚和军事进攻的手段扩大了数千里的版图，建立熙河路。这令辽国上层很恐慌，因为一百多年来他们根本不把宋朝的武装力量放在眼里。辽国不侵略宋朝正像王安石分析的那样，是因为宋朝每年进贡的白银布帛数量庞大，比他们发动战争抢掠划算多了，这才百年相安无事。

契丹去年提出重划边界，本来也是试探。当时王安石还在执政，他说服了神宗没有答应。但辽使萧禧看出来，在这个问题上王安石和神宗的意见是不统一的。于是听说王安石复相后，他便再来试探，而且态度强硬。

具有领袖气质的人就是有一种无形的威慑力，这种气质和神态是装不出来的，也是掩盖不了的。王安石是具备这种气质的，故辽国上层就怕王安石长期掌权。

第三节　寸土不让

王安石是宰相，对如此重大的外交问题是一定要过问的。于是他派出大学问家沈括作为特使前去边境进行勘测和谈判。沈括在中国文化史上也是位大名人，他生于公元1031年，比王安石小十岁，字存中，号梦溪丈人，浙江杭州钱塘县（今浙江杭州）人。此人学问渊博，天文地理、诸子百家，无所不精，对于宋朝和辽国所谓边界问题的历史沿革更是十分精通，谈起来如数家珍，而且沈括基本态度是支持王安石变法的。他完全理解王安石的思想和意图，对王安石十分敬重，因此王安石把国界谈判的大权交给他。

为使神宗安心，王安石主动安抚道："契丹人没有什么值得忧虑的。萧禧前来是何等小事？而陛下连开天章阁，召见执政大臣，又开始匆匆忙忙调集粮草和军队，纷纷扰扰，契丹人怎么能不知道？我担心契丹人在窥探我们的心理防线，恐怕会狮子大张口而索求无度。"

神宗道："如今大宋没有对抗辽的力量啊！所以应当如此。"

王安石说："暂时没有足以阻挡其侵略的准备才更不应该这样做。凡是谦卑而使敌人骄傲、能而示之不能者，都将致敌。如果现在不想让敌人来，怎么可以如此慌张而显示我们无能？况且辽是四分五裂之国，有什么能力大举进攻我们？"

神宗还是胆怯，道："辽岂是可以轻视的国家？当年柴世宗所以能够战胜辽，是因为辽是睡王统治。"

神宗所说的"睡王"是指辽穆宗，此人是辽国第四任皇帝，是辽太宗耶律德光的长子，母亲为靖安皇后萧氏。他是中国历史上有名的昏君和暴君，在位十八年是辽国政治的黑暗时期。

柴世宗历史上习称后周世宗，后周世宗柴荣，是五代时期后周皇帝，在位六年期间整军练卒、裁汰冗弱、招抚流亡、减少赋税，使后周政治清明，百姓富庶，中原开始复苏。后周世宗又南征北战，西败后蜀，夺取秦、凤、成、阶四州；南摧南唐，尽得江北、淮南十四州；北破契丹，连克二州三关。柴荣在议取幽州时病倒，不久去世，年仅三十九岁，庙号世宗。这是非常遗憾的事，如果他再活几年，以他的英明和北周蒸蒸日上的国力，夺回石敬瑭割让的"燕云十六州"是没有什么问题的。可惜，他英年早逝，从此燕云十六州成为中原政权的一块心病，一直到两宋的灭亡。

见神宗这么说，王安石马上解释道："陛下不是睡王，而辽国君主也不是柴世宗，陛下何必忧虑太过？忧之太过，则忧伤怯懦之情就会表现出来，是减自己志气而长敌人威风。况且萧禧的愿望是不可以满足的。如果满足他的要求，他回去一定会受到重赏。那么就会打开辽国一些人通过谋求大宋取得富贵之欲望的大门。这是招致敌兵之道也。"

神宗听得有点不耐烦，便道："今天就谈到这里吧，让朕好好想想。"

这次谈话无果而终，也是王安石坚定辞职念头的开端。

王安石的苦口婆心并没有起到作用，神宗不知着了什么魔，就是惧怕契丹人。或许是前几代君主留下的"恐辽"后遗症在产生作用。

沈括已经秉承王安石的意见前去谈判。神宗仍是忧心忡忡，害怕契丹发动大规模的战争，于是私下里秘密用手诏征求老臣富弼、韩琦、曾公亮、文彦博等人的意见。在这个问题上，神宗对于王安石的意见已经听不进去了。很快，韩琦和富弼都给神宗上了奏疏。

从这件事来看，神宗对王安石已不太信任了。如果三年以前，他会仔细听王安石的意见，也会尊重王安石的意见，因为这是国家核心利益。但他没有这样做，反而秘密征求王安石政敌的意见，这本身就很反常。由于这一切都在秘密进行，王安石并不知情。原本坚如磐石的君臣关系正在悄悄变化，裂痕越来越大。

韩琦和富弼的意见基本是一个调门。我们先看韩琦的意见。

他认为辽国的这种挑衅是有理由的，是大宋无事找事。造成辽国疑心的原因便是变法后的各种举措。首先，秦州一带本来是辽国、西夏、宋朝三不管的地带，大宋去招抚那些部落，建立熙河一路，辽国必然不高兴。其次，新法在边境广泛栽植榆树和柳树，用来防备辽国的骑兵，使他们不能长驱直入，这令契丹人更不高兴。而且，自从变法以来，宋朝加强边境守备，修建防御工事，这是众目睽睽之下的举动，难免引起敌人的怀疑。最后，在北边设置三十七将、驻扎重兵，雄州是宋辽边防，也在此设将置兵，辽国当然警惕。韩琦的结论是：必须废除新法以来的一切举措，销毁一切边备，撤回边防军队，这样辽国自然就没有怀疑了。如果这样还不能解除对方的疑虑，对方一定要来犯，则只能抵抗了。但胜负难以预料。

我们要感谢韩琦的这封奏疏，因为它从另一个方面说明了王安石执政以来在边防建设上的成就。河湟大捷的成果前文提到过，其已经彻底阻住了西夏侵宋的道路。王安石指示在宋辽边界一带广泛栽植适应北方生长环境的榆树和柳树，形成很宽的林带，这样就给辽国骑兵侵略中国造成极大的麻烦。

富弼的意见基本和韩琦一致，且更加软弱谦卑，反复劝神宗"纳污含垢，且求安静"。而且富弼比韩琦还多一层担忧，这就是"须防四方凶徒，必有观望者，谓国家方事外虞，其力不能制我，遂相聚啸，蜂猬而起，即事将奈何？"很明显这是防止内部的农民起义。这是典型的"御外必先安内"的策略，后来慈禧太后"宁给外敌不给国贼"的臭名昭著的论调和蒋介石"攘外必先安内"的方针与富弼的这种论调如出一辙。这是当时许多保守派反对王安石保甲法的一个最重要的理由。

在王安石变法的过程中，尤其是在推行保甲法时，保守派大臣反对它的一个重要理由就是不能让农民手中有武装、会打仗，因为农民有武装、会打仗的话，一旦造反则朝廷难以镇压。神宗也为这种理由而多次动摇过，后经王安石反复解说，才把保甲法推广开来。王安石认为，只要朝廷政治清明，生活能够得到基本的保证，中国的百姓就绝对不会造反。王安石对于中国百姓的心理和性格的理解比较深刻。在新法推行的时候，真的没有发生任何民变，连小规模的也没有。

王安石的保甲法有培养军队后备军的意图，一旦发生战争则随时可以征调经过训练的青壮年农民，因此王安石心中是有数的，这种思想可以说有全民皆兵的意味，具有类似于人民战争的思想因素，是很有远见的。

保甲法的实行，为朝廷军队提供了广阔的兵源。许多将士都训练有素，非常有战斗力。因此王安石才底气十足，并不怕契丹人发动战争。但神宗接到韩琦、富弼等人的奏疏后，又感觉事态严重，认为千万不能和辽国开战。在和王安石谈论其他工作时，他顺便说道："韩琦用心可知，天时荐饥，乃其所愿也。前访以此事，乃云须改尽前所为，契丹自然无事。"

"须改尽前所为，契丹自然无事"，这不就是把变法以来涉及边防的所有措施都改变回原貌吗？

王安石当然不同意。

神宗说："如果契丹人不肯罢休，那我们该怎么办？"

王安石答道："譬如强盗来堵在门口，如果什么家底都不要了，就都给强盗，本人净身出户。如果不能把家中财产都给他，那就必须抵抗，这还有什么可商量的吗？臣以为，契丹不足畏，最可畏的情况是，契丹作难则应当有受陛下委托而与之对抗者，当双方正在对抗之时，却有人在朝中献异议，而陛下不能无感，因而从中阻挠其事。这样的话，安危成败则太令人忧虑了。"

神宗在聚精会神地听，王安石稍微停顿一下接着说："为什么呢？千钧之重，加上铢两就会有变化。两敌相对，正像争千钧之重之时，陛下从中稍微加一点力，那可不是铢两之力啊！这才是臣最害怕的情况。如果没有这种情况，自然有人为陛下担此千斤重担。"

其实，王安石的话很明白，告诉神宗千万不要怕，绝不能满足契丹人的无理要求。如果他们胆敢发动战争，就坚决跟他们打，只要神宗下决心而不掣肘，王安石便可以承担一切。

神宗依旧忧心忡忡而没有明确表态，其实他如果把忧虑的地方和王安石交流一下也不至于发生后来那么尴尬、那么严重损害国家核心利益的事情。

这次谈话后不久，在六月戊午日，三朝元老韩琦便去世了。

第四节　特使与御笔

辽国要求重划疆界是明目张胆的挑衅行为，王安石具有深邃的胆识和战略眼光，已经派沈括谈判处理完。但神宗胆怯软弱，没有通过王安石，便派人白白割让土地几百里。这令王安石极端郁闷忧伤。

四月丙午日（初五），就在把辽使萧禧打发走的当天，神宗没有征求王安石的意见，便直接派韩缜去办理重新划分疆界事宜，赐给他随宜全权处理的大权，并明确指出要满足辽国的要求。我们看圣旨原文：

> 国家与契丹通和年深，终不欲以疆场细故，有伤欢好大体。既许以治平年盖铺处依旧址修盖，务从和会，即更有无照证。若不指定分水处，即恐检视之时，难为擗拨。……今已指挥韩缜等一就检视，擗拨处以分水岭为界。

几百里地的大好河山，被神宗视为"细故"，令人寒心。这里所提到的"治平年盖铺处"，便是前文提到的英宗治平年间，辽国军队到宋的地面修的两所口铺即哨所。因为是无故侵占宋的领土，被边防军和百姓平掉，从此辽军便撤回去，再也没有来，这已经是十年前的事情了。

熙宁六年，就在王韶经营熙河路的时候，辽国偶尔有几十骑兵过界，到大宋这边跑一圈，有时深入一段路程再跑回去。当时神宗便很紧张。

这次，辽国还没有明确提出分水岭以及具体分界线，也根本没有提及上次口铺之争的问题，神宗便主动把当年契丹修口铺的地方拱手送给人家。真是匪夷所思！

同时，神宗还派一名宦官专门给韩缜送去一支"御笔"，并提醒和督责他道："疆界事，朕访问文彦博、曾公亮，皆以为南北通好百年，两地生灵得以休息。有所求请，当且随宜应副。朝廷已许，而卿犹固执不可，万一北人生事，卿家族可保否？"从这段话体会，韩缜也不同意将土地如此拱手让人。神宗的话有恐吓的意味，韩缜是迫于压力勉强处理。

韩缜便是韩绛、韩维的弟弟，人选并无问题，关键是神宗的软弱，仅此一点，足以说明神宗并非英明之主，这也促使王安石下决心辞职。

当时无论是朝中还是边界，都有官员对这一做法非常反感。但俗语说："兵熊熊一个，将熊熊一窝。"宋代帝王，除开国皇帝赵匡胤有英雄气概外，其他皇帝都很软弱甚至窝囊。神宗还算好一点的，但也只不过是五十步与百步的区别。

当然，神宗派韩缜为特使去专门办理疆界问题的事情王安石后来也知道了。神宗正式将此事告知王安石，并告诉他与辽国协商疆界的事情是他复相前就在处理的，意思是说一切都不是他的责任，他就不要再操心了。神宗也感觉内心有愧，对王安石说了些道歉的话，王安石察觉得出来。但木已成舟，土地已经白白送给敌国，愧疚有什么用，道歉有什么用。

在这次外交斗争中，辽国取得超出预期的成果，不动一兵一卒就白得几百里地，而且还是比较肥美的中原地区。

当天晚上，回家吃完晚饭，王安石精神恍惚，将到子夜也无法入睡。王安石起身悄悄来到外面，仰观天穹，见浮云围绕月亮，月亮忽隐忽现。

辽国挑衅本来是王安石意料中的事，王安石非常有把握处理好。但神宗听信文彦博、富弼、韩琦这些人的迂腐意见。

王安石已经向神宗解释多次，辽国乃四分五裂之国，根本没有力量对外征讨。当时辽国内部政治黑暗，大奸臣耶律乙辛把持朝政，陷害皇妃萧观音和太子，国内矛盾重重，人心涣散，各种政治力量争权夺势。

自己本来想借辽国挑衅之机强化一下朝廷的自信心和表明对辽国的强硬态度。北边设置三十七将，那可是三十多万人啊！这些年经过精兵简政，军队的战斗力变得非常强大。何况还有三边将士，都是经过严格训练的民兵，如果真的开战，随时征调几十万人，怕什么呢？

王安石又换了一个角度进行思考：皇帝毕竟才二十八岁，没有经历过大仗，尤其是在历史上，和辽国作战宋军基本处于劣势，多次战败。这种常打败仗的阴影，恐怕也会影响到皇帝的判断。

但是，韩琦和富弼的奏疏明确提出废除新法以来的一切举措，打消辽国的疑虑，自行毁弃一切边防设施，恢复到以前的状态，这样契丹人自然就不来争地界，也不会挑衅了。但对于这些要求，圣上都没有答应。可以看出，圣上坚持新法的决心没有变，只是在边界问题上太软弱。

王安石的思绪飘忽不定，只好回到床上，迷迷糊糊睡着了。

第五节 "足薪养廉"

新法仍在运行,效果越来越显著,从朝廷到地方已经封桩(即收入国家府库)的钱堆积如山,北宋的经济实力达到了从来没有的高度。国家已不再拖欠官员的一分钱俸禄,因而对官员的工作态度和工作效率提出更高的要求,对官员的约束更加严格。因此全国各级官员都珍惜自己的工作岗位,勤恳敬业,整个官场的风气大为改观。其实王安石的这一举措便类似于当代社会的"足薪养廉"。

变法之前,各个层次的人物对于下层胥吏没有俸禄的事情都有过议论。司马光在嘉祐七年(1062年)上《论财利疏》,记载了胥吏没有俸禄而完全凭借自己手中的那点权力来勒索百姓血汗钱的情况。

《续资治通鉴长编》卷二三三记载,熙宁五年五月乙巳日,王安石与神宗论及下面官吏的工作态度时,王安石说现在地方官吏已经没有人敢接受贿赂而徇私枉法了。神宗问:"不知开封府何如?"王安石回答说:"听一个小吏说,以前没有俸禄的时候,遇到审理案件首先想怎样弄钱,其次是怎样欺骗上级官员,根本没有心思去考虑案子的是非曲直。现在却很怕出现漏洞和问题。"

神宗完全同意王安石的意见,可是担心没有钱负担官员俸禄,王安石给神宗算了一笔细账,这种开支不过百万缗,但这些官员的积极性调动起来，收益将是十倍以上，而且政治空气可以得到净化。在熙宁六年，历史上的欠账完全还清，朝廷对所有官员提出了严格的要求。官场的风气大变，官员们的精神面貌大变，整个社会的风气大变。

沈括的《梦溪笔谈》有一条记载，在熙宁三年前，天下吏人，即各级官府中的小吏，是没有正常俸禄的，完全依靠贿赂维持生活，一直到王安石变法朝廷才发放固定的俸禄。

> 天下吏人，素无常禄，唯以受赇为生，往往致富者。熙宁三年，始制天下吏禄，而设重法以绝请托之弊。是岁，京师诸司岁支吏禄钱三千八百三十四贯二百五十四。岁岁增广，至熙宁八年，岁支三十七万一千五百三十三贯一百七十八。自后增损不常，皆不过此数。京师旧有禄者，及天下吏禄，皆不预此数。

到熙宁八年（1075年），京兆府小吏的俸禄支出居然是熙宁二年的九十多倍，即俸禄增长了九十多倍。笔者又查阅了《续资治通鉴长编纪事本末》卷七十五中的相关内容，与沈括的记载完全一致。熙宁三年变法，短短五年就取得如此的成就，难道不可喜吗？

沈括在熙宁九年（1076年）曾担任"权三司使"的职务。"三司使"是北宋前期最高财政长官，总理财政，"三司"是仅次于中书、枢密院的重要机构，号称"计省"，三司的长官三司使称为"计相"，地位略低于参知政事。"权"是暂时代理的意思，也有不及品位而任此职务的意思。这样沈括便有机会查阅全国各年、各个方面的财政支出情况。没有沈括的记录，我们无论如何也想象不到王安石变法会给最基层的小吏带来如此高的收入。小吏和百姓拥护新法也是可想而知的。

王安石在等待神宗主动提出关于如何收复西夏、扩大版图的问题。如果神宗提出了，王安石或许还能再干一段时间。王安石还有为朝廷为神宗收复西夏出谋划策的想法，如果在辽国方面让步，先把西夏收复也还可以接受，王安石几次这样想。但他想错了。

神宗再也不提有关西夏的话题，在熙宁九年（1076年）六月初三的午后，神宗却向王安石询问一个反方向的话题。君臣先谈论其他事情，神宗忽然将话题一转说："西夏将发兵十多万攻熙河。如果是真的，该如何是好？"王安石回答说："西夏大军作战，从来没超过二十天，不知这十几万大军能否超过二十天？我们熙河粮食虽然不多，但也可以支撑半年，有什么可怕的？再说，西夏单方面发兵，我们将不再给岁币，它们图什么呢？"

王安石头脑非常清醒，神宗也不该糊涂到这种地步吧？在以后的文献记载中，再也没有西夏国出兵熙河的消息。神宗所得到的熙河探报真是蹊跷。

这天夜里，王安石再度失眠。看来自己完全错了，神宗今天关于熙河探报的一番话，来得突然。一般情况下，即使有这样的情报，应该先送到枢密院，枢密院如果觉得情况严重，再在两府会议即宰相府和枢密院主要官员会议上提出来进行讨论。

　　如果情况紧急直接上报皇帝也可以。但枢密院和相府完全不知道，边境的探报怎么会直接递给圣上？王安石不敢多想，但是有一点是肯定的，这就是神宗现在还没有讨伐西夏的想法。

第六章
离开

第一节　王雱弄巧成拙

王安石决心要退出朝廷，而王雱铸成的大错坚定了他退出的决心。事情的经过很复杂。

王雱和吕惠卿合作了很长时间，二人都是王安石变法和编写《三经新义》的主要负责人，故双方对对方都很了解。王安石回来执政，击碎了吕惠卿当宰相的美梦。本来，在挤对王安石离职的时候，他便有许多小动作。王安石回来后，他更是变本加厉。王安石不便与他计较，而王雱年轻气盛，与之针锋相对。

吕惠卿及其兄弟亲党等已被撵出京师，但王雱和几名亲党对其穷追不舍。先拿吕惠卿的弟弟吕升卿开刀。吕升卿在他哥哥吕惠卿当政时比较受重视，他想把王安石父子彻底驱逐出朝廷，为其兄长当宰相助一臂之力，便向神宗告状，说王雱和练亨甫结党营私，相互包庇。见神宗不表态，便发誓道："陛下若不信，臣有老母，敢以为誓！"用自己的母亲起誓发愿，可以看出这是个小人。这事被御史台的邓绾知道了，弹劾吕升卿大逆不道之罪。这件事使吕升卿声名狼藉。

开封府秋试后，吕升卿举报说："得解进士李籍不识字。"中书省调阅李籍的全部考试档案，结果完全合格，没有丝毫问题。再召李籍本人单独考试，也没有一点瑕疵。便责问吕升卿，他说："我说的不识字是不能区别'菽麦'。"这跟不识字根本就不是一回事。这样，吕惠卿和吕升卿都被贬谪到地方。

吕惠卿的另一个弟弟吕温卿前几年还在家乡买了几十顷地，那是需要一大笔钱的。邓绾等人弹劾说是吕惠卿用贪污的赃款买的。朝廷派专人调查，发现买田地的事与吕惠卿无关，已经结案，而且神宗有批复。

王雱为了彻底打击吕惠卿，便瞒着王安石，私下里和吕嘉问、练亨甫商量，用瞒天过海的办法，把弹劾吕惠卿的奏章夹在中书省下发的敕书中，不用御批之语，仍以勘察吕惠卿之名下发。宋代的行政体系很完备，做成这样的事情其实是有一定难度的。但吕嘉问兼任权检正中书五房公事，很难办的事情居然办成了。当然，如果办不成还不会有太大的危害。

敕书便是圣旨，重新调查吕惠卿的事情引起吕惠卿的强烈反弹，他非常愤怒，便写了十几页的申诉书。吕惠卿在朝廷中枢部门工作多年，对这一套制度非常熟悉。他提出几个难以解释的疑点，全都点中命门：神宗已批复过，买田之事已经定案，与自己完全没有瓜葛，怎么出尔反尔，再来调查？王安石根本不知道王雱和练亨甫、吕嘉问所干的勾当，就交给神宗看。神宗也有点奇怪，自己也没有批复这件事啊！

中书省抄写文字的一名书吏与吕惠卿关系亲密，便写信告诉吕惠卿内情，吕惠卿义愤填膺，他奋笔疾书写了一封抗议书，矛头直指王安石。其中说："邓绾等人上奏之语，和中书发布之敕书，如出一口，可谓夕出于权臣之口，朝书于言者之奏。"又直接说："安石矫诬敕命，以令勘官，此皆奸贼之臣，擅作威福的手段。"

王安石的头一下子就大了，对神宗道："臣不知道，邓绾弹劾的奏章臣并未见过，待臣仔细调查一下。"

王安石到中书省调来所有相关档案，发现与吕惠卿说的完全一样。王安石莫名其妙，怎么会把邓绾的奏疏不加御批就当圣旨发出，这可是欺君大罪。他急忙回家询问王雱，王雱全盘托出。

王安石大怒："你怎么能干这种事？让我百口莫辩！百口莫辩啊！父亲教导你多年，人要坦诚，要光明磊落，不能干一件见不得人的事情……"王安石越说越气。

王雱本来就在病中，而且病得很重，也自知理亏，只能默默流泪。事情弄清楚了，王安石当天进宫向神宗汇报，并深刻检讨自己教子不严，酿成如此大错，难辞其咎，提出辞职。神宗好言劝慰，让王安石回家安养数日。

几天后，本来病重的王雱在这样的打击下死在家中，年仅三十三岁。王雱（1044—1076），字元泽，年少聪敏，擅长作

书论事。治平四年（1067年）司马光主考时进士及第，初任旌
德县尉。宋神宗时，王雱凭借父亲王安石的地位，出任太子中
允、崇政殿说书，擢为天章阁待制兼侍讲，累迁龙图阁直学士，
因病辞职。他是位儒家学者，著有《论语解》《孟子注》《新经
尚书》《新经诗义》《王元泽尔雅》《老子训传》《南华真经新
传》《佛书义解》《诗义》《书义》等书，大部分已失传。

　　王安石本来把王雱作为自己事业的接班人来培养，不料他却
先自己而去。白发人送黑发人是人生之最大不幸之一。王雱的死
对王安石的打击太大，他突然感觉自己事业已经后继无人了。

第二节　王令

　　王安石也曾物色了一个接班人，这个人就是王令。可惜的是
王令早已死去，于是他才把希望寄托在王雱的身上。如今王雱也
死了，他便有一种绝望的感觉。

　　自从当年上过万言书后，王安石就卷入朝廷的政治争论之
中，从此再也不得清闲安定。万言书具有很大的刺激性，使许多
官员感到不舒服。他们反感王安石，但直接批评驳斥万言书的一
个人也没有，都是借题发挥。其后不久，王安石听到许多关于他
曾经担任江东提点刑狱时的风言风语，有人说他不能为民除害，
不能惩治大恶；也有人为那受处分的五人叫屈，说他好查处别人
的小过错以显示自己的才能。

对于这些，王安石并不在乎，因这种情况王安石当初就已经
预料到了。可令王安石感到不安的是，他非常要好的朋友王回给
他来信，专门探讨这个问题，也提出一些疑问。这不能不引起王
安石的深思。

王安石虽然坚信自己的做法是对的，但对朋友不能不详细说
明这样做的原因，于是他给王回写了一封很长的信，这就是《答
王深父书》，收录在《王文公文集》第七卷中。

不管他人怎样议论，王安石依旧坚持自己的看法。这是王安
石的一贯性格，他始终有坚定的自信心，只要自己认为是对的，
那么不管遇到多大的阻力，他都要坚持下去。

人们的议论对王安石并没有多大的影响，而王令的突然去世
却使他陷入深深的悲痛。

王令字逢原，广陵（今江苏扬州）人，为人有大志，正直而
重气节，以天下为己任，非常关心民生疾苦。王安石是通过读他
的一首诗才与之结交的。

王安石把妻子吴氏的一个堂妹介绍给王令，二人又成了连
襟，交往更加密切。

王安石在出任常州知州的时候，帮助王令在常州武进县（今
属江苏）谋得一个教书的职务。不久，王令就把家临时安在了武
进县南乡薛村。由于他死得很突然，家族中又没有其他有力的
人，于是只能埋葬在那里。

王令不是进士出身，没办法步入仕途。王安石当时的地位
不高，还没有力量提拔王令。但王安石早已把王令作为自己的知

己，作为自己将来干事业倚重的后备力量。王令比他小十一岁，不必着急，王安石总是这样想。所以王令一直以教书为生，社会地位极低，他的抱负当然也就没有施展的机会。

可年仅二十八岁的王令突然死了。王安石收到信的时候，王令已死去一个多月。

王令的夫人刚有身孕就遭此大丧，打击实在太大了，王安石夫人吴氏要到堂妹那里去一趟，王安石当然支持。王安石时任度支，度支判官有时也要到下面去视察，王安石便向上司申请，他要到吴中地区去处理一件公事，顺便也去照料一下王令的丧事。上司同意。

王令家族衰微，丧事当然也就冷冷清清。只有王令妻子的两个哥哥帮妹妹料理后事。王令妻子虽然很年轻，却颇有主见，非常刚强而有志气。她见王安石夫妇不远千里特意从京师赶来，很受感动，寒暄后，即对王安石夫妇说：

"姐姐、姐夫，你们也不必为我担心，我能挺得住。别看逢原去了，但无论生下的是男还是女，都是逢原的骨肉，我一定能把孩子养大的。我一定要对得起逢原。"王安石夫妇连连点头安慰了一番。

为王令守墓七天后，考虑到一个年轻寡妇无法在这里生活，王安石夫妇建议吴氏回到娘家住。吴氏的两个哥哥也有此心，于是，吴氏就在哥哥的帮助下把家搬回了娘家——唐州。

后来，熙宁年间，也就是王安石当政进行变法的时候，制定了许多有利于生产和发展的政策，动员百姓开垦荒芜的土地，并有相当优惠的政策。可是，百姓不太相信政策的可靠性，大都在观望。唐州的荒地很多，吴氏最理解自己姐夫王安石的性格。既然是姐夫制定的法令条文，轻易是不会改动的。于是，她一个弱女子首先站出来，慷慨激昂地对百姓说：

"我愿意开垦这荒地。这也不完全是为我自己打算，实际上也是为大家打算。荒地开垦出来，不仅可以增加税收，而且也是我们这一带百姓世世代代的养身之源。"

经过一段时间的努力，吴氏把一大片荒芜多年的土地开垦为肥沃的良田。

而吴氏每年的收入也非常可观，多至万缗。她把这些钱捐献出来赈济穷苦百姓。唐州的人都感念她的恩德，民间有纷争诉讼不去州府打官司，都到她这里来听从她的决断。州府把她的事迹上报给朝廷，朝廷下诏赐给十匹绢、十石米。

第三节　彻底归隐

王安石下决心退隐。熙宁九年春夏之交，王安石见朝廷政事平稳，便连续上三道札子请求辞相归隐。但神宗坚决不应。

他便采取一个迂回的办法，写信给参知政事王珪，请他在适当的时机为自己疏通疏通。

可能是王珪也不太好说话，这封信似乎没起什么作用。

王雱之死对王安石的刺激和打击实在太大。神宗几次亲自到宰相府慰问，王安石一再提出辞相的请求。神宗坚决不答应，劝他好好休息一段时间，暂时可以不操心朝廷之事，由王珪主持一切军政要务，有大事让王珪到宰相府来与他商量。王安石无法推托，只好勉强答应。

数日后，王安石又给王珪写信，请他在神宗面前帮助自己说几句话。

神宗见王安石去意已决，与王安石做了一次深谈。王安石提出自己回去休息一段时间后，会集中精力把《三经新义》中一些不妥之处再加以修改润色，使之更加完善，这对朝廷也是有益处的。他说自己还要把这些年注释经义的一些体会写成《字说》，使许慎的《说文解字》一书更加普及。

关于王安石退隐后的人事安排，神宗也征求了王安石的意见，对以后几年的大政方针，王安石也毫不保留地谈了自己的看法。君臣相得，心心相印。神宗勉强同意王安石辞去相位，但还挽留他在京师居住，以备随时顾问。王安石上表婉言谢绝。

十月，王安石退隐的愿望终于成为现实。神宗批准，王安石以本官即使相的身份判江宁府。王珪和吴充同时拜相，接替王安石执政。

王珪是王安石的同年和朋友，而吴充是王安石的儿女亲家，王安石的大女儿嫁给了吴充的儿子吴安持。这二人与王安石的关系都很好。

"永忆江湖归白发，欲回天地入扁舟。"这是李商隐终身追求而未实现的人生理想，他是"虚负凌云万丈才，一生襟抱未曾开"。王安石很喜欢这两句诗，经常自言自语地念诵，而他真正做到了。

他真的扭转了天地，使天下的政治、经济、文化、军事、社会生活都发生了重大的变化，使北宋王朝积弱积贫的状况从根本上得到改变，使天下百姓都享受着新法带来的雨露春风。

第七章

鄞县县令

第一节　尝试青苗贷款

王安石这次离开汴京，心情与上次还有点区别，这次是铁了心离开朝廷，离开官场这个说不清道不明的地方。在船上，他开始回忆自己走进官场以来的诸多往事。他一生最辛苦也最快乐的时光莫过于在鄞县的三年。他当时的职务是县令，是一个县的最高长官，有独立行政权，在不违背朝廷和条律大法的前提下，可以放开手脚干，因此这也是他施展才能最充分的三年。

那是在庆历七年（1047年），王安石二十七岁，五月末，他终于等到诏书，被任命为鄞县县令。

一路上，王安石边走边做社会调查，感受到黄河两岸，尤其是河北百姓的困苦，写下著名的《河北民》一诗：

河北民，生近二边长苦辛。家家养子学耕织，输与官家事夷狄。今年大旱千里赤，州县仍催给河役。老小相携来就南，南人丰年自无食。悲愁白日天地昏，路旁过者无颜色。汝生不及贞观中，斗粟数钱无兵戎。

　　河北的百姓到河南来讨饭，可是河南的百姓在丰收的年头自己还填不饱肚子，又哪里有饭给逃荒者呢？只两句诗，就把当时的整个社会状况描绘出来，表现出作者悲天悯人、深切关怀百姓生活的情怀。这是王安石反映现实最为深刻的一首诗，在北宋诗人的作品中也是上乘之作。

　　王安石拜别老母亲，带着妻子吴氏和刚刚三岁的长子王雱，乘坐驿站中的两辆马车上路了。他怀着沉重而复杂的心情和坚定的信念，走向可以小试牛刀、施展自己改造社会之抱负的第一个地方——鄞县。

　　鄞县即今浙江宁波市，由于距离国家的统治中心较远，故比较落后，偏僻荒凉。

　　经过一个多月水路和旱路的奔波，王安石一家到达鄞县。几天后，王安石令各个职能部门把全县的情况进行全面的汇报。

　　当年孔子的弟子仲弓要出任季氏宰，请问老师刚上任该如何做，孔子告诉他九个字："先有司，赦小过，举贤才"。王安石上任的第一步便是"先有司"。

　　经过半个多月的观察和对下属的了解，王安石心中有数了。这天，他把全体属吏召集起来。属吏们对这位新县令已有一些好感，觉得此人年龄虽不大，却显得老成持重，待人和蔼可亲，对事不轻易表态。今天把全衙门的官员役吏都召集起来，莫非有什么重要事情？众人不知新县令要干什么，怀着不同的心情来参加会议。

主簿点名，一人不缺。王安石扫视了一遍所有的下级官员，清了一下嗓子，语速很慢，非常沉稳地说道：

"众位同僚，本官自从到任以来，得到大家的热烈欢迎和全力支持，很快就熟悉了全县的各种情况，掌握了工作的主动权。本官谢谢大家。今天召集大家到这里，就是要和大家约法三章。

"首先，我们都是拿朝廷俸禄的人，朝廷俸禄也是取自百姓。百姓是我们的衣食父母，我们应该全心全意地供养我们的衣食父母，也就是为本县的百姓服务。除了朝廷规定的赋税之外，任何部门、任何人不准以任何理由再向百姓收取额外的捐税。我们每一个人除了俸禄之外，不得收取百姓任何钱财和物品，更不准巧立名目、巧取豪夺，有违反此条者，本官定要按照朝廷律条办理，决不姑息迁就。

"第二，各部门要各负其责，相互配合，相互支持，不得相互推诿，敷衍搪塞。谁的事谁办，谁的责任谁负。谁出了问题，本官就追究谁的责任。要功过分明，是非分明，有功则赏，有过则罚，决不含糊。

"最后，本县的百姓虽然没发现有逃荒在外的，但我看百姓们的生活普遍还很贫穷。我们要想尽办法使我县百姓的生活尽快地安定下来、富裕起来。要根据我县的具体情况，想出办法来，为百姓解决一些实际的问题和困难。各主要官员尤其是如此。本官是外地人，众位大多祖祖辈辈都生活在这块土地上，更有责任把这块土地管理好、建设好，使全县的父老乡亲过上好生活。我可以向大家表个态度，如果三年任满，本县百姓的生活不能有所改善的话，我王安石不用朝廷考绩黜免，我自己引咎辞职。"

最后的几句话说得慷慨激昂，斩钉截铁，掷地有声。

王安石的话音刚落，全体官员们情不自禁地鼓起掌来，掌声非常热烈。一个五十多岁的老吏激动得说话都有些发颤了："王县令，您的话中听。我在衙门里干了二十多年，跟过的县令大老爷也有七八位了，还是第一次听到这样感人肺腑的话。您放心，您让我们怎样干我们就怎样干，决不含糊。"

"是的，王县令，我们一定跟着您好好干。"大多数官吏齐声表态。也有几个人默默不语。

回到家中，王安石面有喜色。夫人吴氏见丈夫高兴，就比往常多烫了几盅酒。饭后，王安石逗儿子王雱玩了一会儿。见儿子天资聪颖，不到三岁的孩子，却能流利地背诵好几首唐诗了，而且反应机敏，模仿力极强。他感到很欣慰和快乐。

秋收季节到了。为了不惊扰乡民，王安石没有坐车，更不坐轿，只带一个贴身随从和一个主管农事的官员，三人都换上便装，到各个乡村去视察今年的收成。

王安石运气不错，这一年鄞县获得多年不见的大丰收。农民都紧张地收割庄稼。远远望去，微风吹拂，大片的稻田中出现一道道金黄色的小小的波纹。王安石心情舒畅。

在这次调查中，王安石发现百姓反映最多的困难是高利贷，虽然今年年景不错，但农民们多数高兴不起来。因为春天时急于耕种，手头没钱，他们只好向富户去借。利息很高，一般都是四分利，只有沾亲带故的才能稍微少一点，但起码也是三分半以上。尽管这样，还得有人出面担保才能借出来。春天借一百缗，到秋天就要还给人家一百四十缗，再去掉上缴官府的赋税，就剩不下什么了。像今年这样的好年头，过年还能吃上一顿好的，没有什么亏空，可也没有浮钱。如果遇上一个稍微歉收的年头，百姓可就苦了。年年借高利贷，这一项就给百姓带来无穷的灾难。

再就是这些年来河流沟渠一直也没有疏浚，河道大部分都淤平了。雨水稍大一点就出漕淹庄稼，雨水小一点就旱。这些年来，旱灾把这里的老百姓害苦了。所以庄稼越来越不好种。种地不挣钱，不种地可又怎么办？庄稼人的生活真是不好过啊！如果能把高利贷问题解决一下，再把沟渠疏通治理一下，对老百姓来说，那可真是天大的好事。

回到县衙，王安石找来主管财务的官员和主管统计的孔目，把本县的财政实力搞清楚，再加上朝廷每年用来作为常平仓经费补贴的预算。两项资金合在一起，对一个县来说，也算是一个不小的数目。再把全县每年都需要借高利贷的农户作一个大概的统计，这样就心中有数了。

来年春天，王安石以县令的名义正式向全县百姓公布了一项政策，并列出细则：在春天庄稼刚刚出苗之时，凡是急需生产资金的农户，向本地的地方官提出借贷申请，由各乡的地方官员掌握情况，在验明该户所耕种田地的实际情况后，综合考虑其所申请数额是否符合实际，以及其将来的偿还能力等，提出一个初步的意见，然后再报县主管官员申请贷款。

王安石明确要求，各级官员一定要齐心协力，共同把青苗贷款这件事办好，首先是解决农民的急需，其次才是县里的创收。又不可使那些游手好闲的无赖之徒借机钻空子、把钱借去干别的营生，要专款专用。好事一定要办好，如果办不好可能就成了坏事。而这又是历史上从来没有过的事，没有现成的经验可以借鉴，所以一定要特别慎重。为此，王安石慎之又慎，安排得非常周密。

青苗贷款基本上按照计划贷出去了。农民们欢天喜地，他们从来没有借过利息这样低的钱，生产积极性很高，而且老天作美，这一年又是鄞县历史上少见的好年头，全县获得特大丰收。根本不用催促，春天放贷出去的青苗钱连本带息全部收回，县里的财政实力一下子就强了起来，这是鄞县历史上从来也没有过的。全县官民皆大欢喜，王安石在百姓中的威信更高了。

第二节 跋山涉水

今年大丰收，全县的形势非常好，王安石心情当然很敞亮。但他并没有盲目乐观，依旧保持清醒的头脑。他知道，今年的大丰收虽然得力于青苗贷款政策的成功实施，极大地调动了农民的生产积极性，但更主要原因的是年景好，风调雨顺。如果出现大的旱涝灾害，其结果就会不一样。要想不完全取决于上天，就必须兴修水利，尽可能降低一般性自然灾害的威胁。

秋收一开始，王安石就带上主管官员和几名其他下属，到全县各地去进行实地考察，他要把河流沟渠的分布情况和现状重新调查清楚，以便从实际情况出发，制定出最有效的水利工程方案。

回到县衙，王安石又请来本地几位在水利方面有经验的老者共同商量。据老人们讲，五代时期，钱氏父子建立吴越国统治这个地区，一直很重视水利事业，设有专门的官员，每年都对一些河流沟渠进行疏浚治理，又修建了一些储水的水库，河流水道通畅，能够抵御比较大的水旱灾害。本朝建立以来，就不再设置主管水利的官员了，几十年来也没有进行过这方面的建设。所以稍有一点水旱之灾，就会造成很大的损失。治理河流沟渠，补修一些废旧的水利工程，再修建一些关键性的水利工程，实在是造福全县百姓的大事。

王安石下定决心要尽快实施。于是，王安石命那位主管官员和几名有经验的老者组成一个设计小组，制订出方案和计划。然后动员全县百姓积极参加，每个青壮年都要献出十个义务工。这样，劳动力的问题基本解决。接着，王安石又召主管财政的官员及各乡的地方官员进行商讨，把所需钱物的问题也都落实下来。最后决定，在秋收结束后，马上展开这项工作。

这是一件大事，动用全县的人力和财力建设一项不能马上就有经济效益的水利工程，是要冒一定风险的。为了把这种风险降到最低，王安石给自己的直接上司知州大人呈交了一份请示状，又给上一级的主管大员——两浙转运使杜杞写了一封长信。

紧接着，王安石就开始全面实行他兴修水利的计划了。

王安石坐镇县衙，随时处理各地出现的突发情况，每天都很忙碌。十几天后，工程全面展开，事情反而少了下来。全县官吏和百姓的积极性都非常高，形势大好。

一切正常后，王安石带着两名随行人员，从县衙出发，到各地督察指导。

他们当天晚上到万灵乡东界的慈福寺住宿，第二天（初八）登上鸡山，检查开山凿石的情况以及工程进度，顺路进育王山，住在广利寺中。接着连续两天下大雨，他们无法继续向东行进，滞留在寺里。两天后，王安石下灵岩山，过石澉山谷而眺望大海，商讨在海滨建造斗门的事宜，当天晚上住在灵岩山下的旌教院里。十三日（癸未），王安石到达芦江，检查那里的工程进展情况，顺便进入瑞岩的开善院住下。次日（十四日），王安石游天童山，住在景德寺。（十五日）天刚亮时，与那里的僧人瑞新登上石头眺望玲珑岩，聆听猿猴长吟，听了很长时间，回寺中西堂吃晚饭。然后走到东吴，乘船连夜继续西下，（十六日）天将明时，把船停靠在大堤下，到大梅山的保福寺中去吃早饭。然后，经过五峰，又行十多里，再乘船西行。半夜时到达小溪。（十七日）天亮时，观看检查新修的水渠和洪水湾，然后返回普宁寺吃饭，太阳偏西时到达林村，将近半夜时到达资寿院住下。（十八日）天亮后，王安石又到桃源乡、清道乡两地处理一些事情，对那里的乡老百姓进行一些劝勉。全县十四个乡的工作都视察处理完，王安石才往回走。

从这段记叙中可以知道，王安石在十二天时间里，以视察督导水利工程为主，走了十四个乡，登上山岭，亲自视察了开凿山石的工程情况，来到海滨，亲自谋划修建海滨斗门，到达江边，观看水渠的端口。

作为一名县令，十多天里，行走几百里坎坷的路途，不避风雨，不辞辛劳，亲自到水利工程的几个关键部位去检查指导，几乎走遍了自己工作范围内的所有乡镇，这种深入基层、勤劳务实的工作作风难能可贵！

第三节　直言上书论"捕盐"

散衙之后，主簿和县尉立刻到后堂来见王安石，主簿递上一份紧急公文，面露难色地说："王大人，您先看一看这件公文，看这件事怎么办？"

王安石接过公文一看，文件是转运使衙门发出来的，大略浏览一下内容，知道是为捕盐而发的。原来，鄞县地处沿海，出产海盐。沿海的一些百姓，因没有田地可供耕种，不得不打捞海盐出卖以为生计。一些官办的盐场为了垄断盐业生产，就千方百计制止这些个体生产食盐的百姓。可是这些百姓没有其他生活出路，所以屡禁不绝。

其实，当时所谓的官办盐场，也控制在极少数的富商大贾手里，他们的后台是地方官僚，官商勾结，官靠商行贿而致富，商靠官撑腰而发财。为保护大盐商和地方官员的利益，主管此项工作的转运使衙门便发出这个文件。

文件要求各县官吏和百姓出钱，以便雇人专门到沿海一带去抓捕生产出卖私盐者。什么样的官员出多少钱，什么样的人家出多少钱都有明文规定。虽然说是自愿捐献，可不出钱不行。文件还规定有告发私自捞盐、卖盐的则给予相当数量的奖赏。

主簿和县尉汇报说，邻县对此事抓得很紧，新近抓了许多犯这种罪行的囚犯，各县的牢房爆满，严重超员。也有一些侥幸之徒因为告发他人而成为暴发户。一些以此为生的人听说风声太紧，有的已逃避到海岛上去了。海岛上一无所有，一些人被逼无奈，只好打劫过往的船只。海上行船也很不安全。

"你们对这件事是怎么处理的？事情进行到什么程度了？"王安石问。

"我们只是把布告贴了出去，还没有具体去办，钱还没有收，人也没有抓。"

"嗯，那就好，那就好。"王安石一边应答一边沉思着。

"可是……"县尉好像有什么话不太好说。王安石抬头看看县尉，问道："可是什么？难道有什么为难的吗？"

"州里督责甚是急迫，催促文件一个接着一个，已经批评我县办事不力。可我们想如此抓人又与您的意思不相合，所以我们一直等着您回来定夺，到底怎么办。"县尉把话都说明白了。

"布告既然已经贴出去了，就算你们没有误事。暂时不要征收这项捐税，更不要抓人。上边的事由我承担，你们只要把治安抓好就行了。马上通知各乡村，不要征收这个专项费用。如已经征收的，立刻停止，并把已收的返还本人。我县暂不执行这一文件。如果没有别的事情你们就可以回去了。"

二人告退。

王安石把那份公文又仔细阅读一遍，再想一想鄞县百姓的具体情况，越想越觉得此事不妥。不但不妥，而且还有很大的危害。但这是由朝廷派到各路的部门发出来的公文，自己只是小县令，按道理只有执行的分。可想到自己是一县之令，如果执行这个文件，将会给百姓带来无穷无尽的灾难。如果不执行，或者是表面执行而实际上不办，在本县以内还是可以的。但想到这是沿海各地都存在的普遍问题，自己既然看到了问题的严重性，就应当勇于负责，为百姓们说几句话。

韩愈当年在上《谏迎佛骨表》时，虽然也知道有性命之虞，可他还是冒着杀头的危险拼死上表。那种为天下苍生而奋不顾身的精神实在可敬。"欲为圣明除弊事，肯将衰朽惜残年！"韩愈的诗句反复出现在王安石的脑海中，他感到热血沸腾，立刻展纸挥毫，给转运使孙大人上书。这篇文章题名曰《上运使孙司谏书》，收录在《王文公文集》（卷三）中。

书信递交出去后，王安石的心情才渐渐平静下来。他觉得余言未尽，便又作《收盐》一首：

州家飞符来比栉，海中收盐今复密。穷囚破屋正嗟欷，吏兵操舟去复出。海中孤岛古不毛，岛夷为生今独劳。不煎海水饿死耳，谁肯坐守无亡逃。尔来贼盗往往有，劫杀贾客沉其艘。一民之生重天下，君子忍与争秋毫？

当然，王安石写这封信的最终结果已不可详考，但可以体会到王安石敢于为百姓直言的可贵精神。他以一个普通县令的身份，居然敢向比自己高许多品级的朝廷大员提出如此尖锐深刻的意见，并要求其追回已发的文件进行改正，等于要求其改正错误，这是何等的胆识和气魄。

王安石之所以如此大胆直言，除了他心底无私、对转运使孙司谏比较熟悉之外，还有一个原因就是他对当朝天子仁宗皇帝也非常信任和忠诚。

前文提到过，仁宗虽然贵为天子，少年时却历经不少磨难，熟谙世故，了解下情，故比较开明仁慈，虽不能说从善如流，却也颇能采纳群臣意见。从这年二月由仁宗皇帝亲自下诏而颁发的一个《善救方》来看，就可以知道他是一个仁慈的皇帝。

所谓《善救方》是仁宗皇帝亲自从福建官员所上奏章中总结出来的。福建官员在奏章中说，福建地区监狱中押有许多用蛊毒害人的罪犯，那个地区多有受害者。福州有个叫林士元的医生医术很高明，专门配置出一种药方，对中蛊毒这种病有神奇的疗效，可以把这种小虫全部驱除，使患者康复。奏章的附页中把这个药方也上奏给了皇帝。

所谓的蛊毒是由一种对人体有害的小虫子进入人体后所引发

的病症，这种小虫是寄生虫，有些坏人便有意把这种虫子掺入他人的食物来害人。有人因不注意饮食卫生也会患病。总之，这种病在当时发病率很高。中此毒者痛苦不堪，最后受尽折磨而死。林士元的这个药方确实有奇效。

仁宗皇帝见到这个药方，想到不仅福建有此病，天下尤其是江南地区多有受此磨难的人，何不让这个药方发挥更大的作用呢？于是，他把这个药方交给太医署，命全体御医在此基础上再进行研究，使之更加完善，形成了这个《善救方》，又因这个药方是庆历八年二月颁发的，所以史称《庆历善救方》。患者按照此方抓药，就可以自己救自己，彻底疗治此病。

这个药方还真有效果，确实解除了许多患者的痛苦。鄞县地处江南，地湿水多，患此病的百姓也不少。因只有县衙有朝廷颁发的这个药方，一些百姓便到县衙来抄写。为了方便群众，王安石命人将此方分别张贴到各乡去。百姓们非常高兴。

为了让这个药方发挥更大的作用，也使仁宗皇帝的美德流传后世，王安石决定，在县衙门口立一块碑，把《庆历善救方》书写刻石。

第四节　意外的收获

皇祐元年（1049年）夏日，鄞县境内又是一派丰收景象。由于水利工程发挥了作用，这一年当地虽然遭遇较重的旱灾，但夏收依旧有好收成。

王安石到此任县令已将近三年。他从本县的实际情况出发，勤恳务实，为百姓办了两件大事，这就是青苗贷款和兴修水利，都取得了极大的成功。百姓们再也不受高利贷者的重利盘剥，水利工程已发挥其调节旱涝的功能。人心大顺，境内一片太平繁荣的景象。

王安石本来是名饱学之士，稍有时间就手不释卷，刻苦读书。他最喜欢唐诗，在唐诗中他又最喜欢杜甫的诗。他的这种喜好，鄞县的官吏和百姓都知道，也正因如此，他才有个绝对意外的收获。

皇祐二年一天午后，王安石正在内宅后园的一个凉棚下休息看书，忽然门人来报，说有人求见，来者是位须发皆白的老人。王安石一向非常尊敬长者，便吩咐赶快请到书房相见。

来者衣冠整齐朴素，右手中拿着一个蓝色的丝绸包袱。因是在书房中相见，自然不必行跪拜大礼，老人只是深深一鞠躬，作了一揖。王安石并不认识此人，但见老人眉清目朗，气度不俗，立生敬重之情，连忙离座起身，还了一揖，道："请问老人家是哪里人氏，前来求见本官，不知有何见教？"

"小人姓严，本县人氏。祖籍长安，五代战乱时避难来到此地。据先人讲，小人家族也是书香门第，只是家道衰落，近几代没有读大书的人了。但小人家中一直秘藏这部书籍，是手抄本，代代相传，一直传到小人手里。虽然小人识字不多，但也知道是稀世之宝。家父临终时一再嘱咐，说是先祖有言，这是我们家世代相传的宝贝，无论遇到什么情况，也不要失落此宝。我们家族虽然几经战乱，又迭逢灾难，但此宝一直完好无损。"严老头一边说一边打开他那个包得严严实实、叠得方方正正的小布包。因用丝绸彩绳绑着，所以要小心翼翼地把绳扣解开。老头的手有点颤抖，速度很慢。

王安石不知道小包里包的究竟是什么宝贝，微皱眉头看着。蓝布包打开后，里边是个白绸子的包。再打开，里边是一层蜡纸的包，这是防水防潮的。蜡纸包打开，里边还有几层宣纸，最后才露出一本很旧的书卷来。

"如此珍贵，这是一部什么书？"王安石有些诧异地问。

"听先人说，是唐人的诗作。我父亲临终时告诉我说可能是杜甫的。他也是听我祖父说的。但到底是不是也不敢确定，说如果不遇大贤人，此书卷万万不可献出。此书从不示人，我听说王县令是大学者，而且还特别喜欢杜甫的诗，一定能够鉴别这究竟是不是杜甫的诗，我才特意拿来请大人品鉴。请王大人过目。"

王安石一边疑惑地应答着一边把这非常陈旧的书卷接过来仔细观瞧。只见这是一个地地道道的手抄本，是用加料宣纸写成的，全是一丝不苟的非常工整的蝇头小楷，字迹清秀遒劲，力透纸背，功夫极深。可能是为了便于永久保存，没有用布绳穿结，而是用纸捻的绳装订而成。虽然经过多层包裹，但可看得出来，那一定是上了年头的古董，可以说是文物了。

翻到第一页，只见诗的题目是《洗兵马》，下面还有四个小字"收京后作"。王安石对杜甫的诗非常熟悉，虽然不能全部背诵，但所有的诗篇和诗句一眼就能看出来，可从来没有见过这个题目，他心中一疑，"这是杜甫的诗吗？我怎么从来也没见过？"他如饥似渴地读下去，见写道：

> 中兴诸将收山东，捷书夜报清昼同。河广传闻一苇过，胡危命在破竹中。只残邺城不日得，独任朔方无限功。……隐士休歌紫芝曲，词人解撰清河颂。田家望望惜雨干，布谷处处催春种。淇上健儿归莫懒，城南思妇愁多梦。安得壮士挽天河，净洗甲兵长不用！（《杜诗镜铨》卷五）

"好诗！好诗！非杜工部写不出如此精美的诗篇。一定是杜工部的，一定是杜工部的！"王安石兴奋得有些失态。

严老头见状，似乎受了感染，也很兴奋，露出激动的神情，问道："听王大人的语气，这本书卷确实是杜甫的？真是个宝贝？"

王安石没有马上回答，又看了几首诗，更加兴奋而确定地说：

"是的。真是杜甫的诗作，真是个宝贝！不知老人家是否可以借给我抄写一遍？"王安石用渴望的眼神望着严老头。

"王大人既然如此喜欢，小人就奉送给大人。"

"那可使不得！使不得！君子不夺人所爱。如此家传的宝贝，我怎么能要呢？"

经过一番推让，严老头坚决要把此书卷送给王安石，并说这是他父亲的遗愿，这样也算给这本宝贝书卷找到了真正的主人。王安石要出钱买，严老头坚决不收，说这样做反而害了他，仿佛他是图钱而出卖了祖传之宝。王安石见状，只好收下，事后派人给严家送去一千缗钱，心里才舒服一些。

自从得到这本书卷，王安石就爱不释手。他怀着极其崇敬的心情再度端详自己珍藏的杜甫画像，钦佩、仰慕、敬重的情感油然而生，他写《杜甫画像》一诗来抒发对这位千古难有的诗圣的感情。他高度赞美杜甫忧国忧民的高尚品质，而对那些"伤屯悼屈只一身"的人表示鄙视。他认为，像杜甫这样无论在什么情况下，都热爱国家、关心民生疾苦的人自古以来是很少见的，他真希望杜甫能够再生，他要和杜甫交个知心朋友。

一有闲暇，王安石就阅读这些诗篇，为之编定次序。两年后，也就是皇祐四年（1052年）的五月，王安石把这些诗编成《老杜诗后集》，使其与已经在民间流传的杜甫诗集并行。

王安石的编集刊印，使杜甫这二百多首诗得以传世。假如没有王安石，老杜的这些诗或许早已同荒烟蔓草般湮没无闻了。仅此一点，王安石对中国文化史就有相当大的贡献。

皇祐二年岁末，王安石到鄞县任职时间已满，按照惯例要回京师听从朝廷重新安排。这里，是他独立从政的开端，是他开始进行社会改革实践的第一个地方。在这期间，他领悟到许多道理，增强了自信心。他对这里的一切都很留恋，这里的官员百姓对他也非常留恋。他依依不舍地告别了与自己密切合作的下属和那些勤劳可敬的百姓。

晚饭后，王安石出了家门，独自一人划一条小船顺着县衙边的一条河顺流而下，拐弯出城来到一小山下。上岸后徒步走到寺庙崇法院西北小山前面一个比较平坦的地方，那里有一个小小的坟包，周围有几堆灌木。小小坟包前面立着一块小石碑。

月光朦胧，王安石站在坟前，他没有烧纸，也没有带冥钱来，什么都没有带，只带来一颗慈父的心。他默默站在坟前，一个机灵聪明的女孩形象出现在他的脑海。这个女孩是王安石的长女，是他刚到鄞县不久出生的。但一周岁两个月的时候，这个宝贝女儿却染上传染病不治身亡。吴夫人痛哭一场，王安石非常伤心，按照当地的风俗，用一个大的陶罐将其埋葬在这里。王安石还写下简短的墓志铭来纪念这位早夭的女儿。

王安石两眼含泪，摩挲那块不高的石碑，石碑上的文字他不用看也清清楚楚："鄞女者，知鄞县事临川王某之女子也。庆历七年四月壬戌前日出而生，明年六月辛巳后日入而死，壬午日出葬崇法院之西北。吾女生，惠异甚，吾固疑其成之难也，噫。"（《鄞女墓志铭》）

"吾女生，惠异甚，吾固疑其成之难也，噫。""惠异甚"三个字出自王安石的笔下，可以想象这是多么聪明智慧的孩子。最后的"噫"字抒发了强烈的感叹和伤心。

夜色朦胧，月光暗淡，王安石想到自己明天即将离开鄞县，就很难再来看女儿了，这么一个小小的亡灵独自在这荒凉的地方，该多么孤独可怜。想到这里，他潸然落泪，心中吟成一首七绝："行年三十已衰翁，满眼忧伤只自攻。今夜扁舟来诀汝，死生从此各西东。"题目就叫《别鄞女》吧！

王安石全家乘坐着两辆马车沿着官路向西北方向行进。随着车后扬起的尘土，鄞县越来越远了。几天后，他们全家来到越州（今浙江绍兴）。越州在当时也算是比较繁华的一个城市，王安石在这里做短暂的停留，也顺便带妻子吴氏和儿子王雱游览一下此处的山光水色。他登上越州城楼，向东望去，只见远方一片渺茫，鄞县早已无踪无影了。

人生往往有几个关键的节点，它们决定着生命运行的轨迹，也有几个时间段，闪烁着生命的光彩。鄞县三年，是王安石一生中非常重要的时光。他在这里留下了许多恩惠和美德，以至于这里的百姓对其感恩戴德，世代不忘，在他活着的时候便为他建立生祠。那是嘉祐六年（1061年），在他离开鄞县十一年后，当地父老请求为王安石建立祠堂，以感念他对鄞县百姓的恩德。明州知州钱公辅顺应民意，在县衙所在地经纶阁和县东育王山广利寺分建王安石生祠两处，便于百姓怀念和焚香礼拜。这时，王安石还处在事业低谷时期，并不在位。这是非常说明问题的，这样就免去了钱公辅谄媚的嫌疑，这也足以看出王安石在当地百姓心目中的高大完美的形象。

一百多年间，经纶阁里的王安石祠堂反复重建，一直香火不断。一百多年后，还被鄞县百姓传诵。"尔曹身与名俱灭，不废江河万古流"。那些肆意诽谤王安石的人真的身与名俱灭了，而王安石的名字如江河一样万古奔流。

第八章

营造半山园

第一节　一张藤床

王安石一生清白，所有政敌都无法在这方面找出他的毛病，便往他夫人身上泼脏水。

熙宁十年（1077年）的春天，王安石回到金陵已一个多月，心情渐渐平静下来。

王安石在复相前便是判江宁府，即江宁府最高军政长官，这次辞相回到金陵，还是这个官职。而宋代的官府中都有现成的官署，一般在衙门后院或别院有官员的宿舍，生活设施都是官府统一置办。上任的官员马上就可以带着家属入住，非常方便。州县一级的官员流动性很大，故称为"流官"，古代常说"官不修衙门客不修店"，就是这个原因。

正月上旬，有中使来传达圣旨，在王安石原有官职上又特授

"检校太傅"之衔，并且还有"依前尚书左仆射同中书门下平章事、使持节都督洪州诸军事、充镇南节度管内观察处置使、判江宁府、加食邑一千户、食实封四百户。仍改赐推诚保德崇仁翊戴功臣"等一大堆称呼和封赏。这一大堆职衔，有实的，也有虚的。

总之，神宗对王安石一直非常敬重恩宠，这使王安石很感动，他先后写两封《辞免使相判江宁府表》，以有病不能胜任工作为由，坚决要求辞去一切实际工作，辞去使相的虚名。

三月，神宗又派太常丞朱炎来传达圣旨，令王安石到江宁府视事，即前去办公。王安石再次上书请求免去一切实职和虚衔，要在家中专心致志增补修订《三经新义》。神宗批准，再任命王安石以使相的身份除集禧观使。集禧观，原叫会灵观，供三山五岳的神灵，亦是汴京数一数二的大观，仁宗时毁于大火，重建改名集禧观。"集禧观使"则是一个虚衔，没有什么实际工作，只是一种名誉，有此名誉还可领取数量相当可观的朝廷俸禄。一般官员是享受不到这种待遇的。

王安石则再度上书，表示接受集禧观使的任命，但请求辞去"使相"的名分。这次终于得到了批准，王安石除了集禧观使的虚衔外一点官职也没有了。但因有食实封四百户和朝廷其他的俸禄，而且所享受的还一直是朝廷一品大员的俸禄和待遇，所以王安石收入还非常丰厚，生活更是绝对没有问题。

神宗对王安石的尊敬和恩宠一直未衰，时常派专人前来探望慰问，并经常送来一些药材等。每逢年节大典，凡有赏赐，也从来不忘这位曾有大功于国、功成身退的老宰相。

元丰元年（1078年）正月，以王安石为尚书左仆射舒国公集禧观使，晋封舒国公，并继续为观文殿大学士。一个月后，江东转运使孙珪到王安石家传达圣旨，任命王安石的次子王旁"勾当江宁府粮料院"，即安排王旁做了朝廷命官。

可能是因为王安石辞使相和节钺的札子"诚情甚确，志不可夺"，所以神宗才如此安排，以表示对功臣的恩宠。当然，从王安石谢表中"伏念臣汗马之劳，初无可纪；舐犊之爱，乃敢有言"的话来体会，王安石或口头或书面曾和神宗提过给王旁安排职务这件事。这大概是王安石一生唯一向神宗提出的一个要求。

王旁资质不如王雱，但也很有学识和文才，据王安石的《题旁诗》一文可知王旁曾作过一首梅花诗："杜家园上梅花时，尚有梅花三两枝。日暮欲归岩下住，为贪香雪故来迟。"王旁的才情还得到俞秀老的激赏。

后来，到元丰三年（1080年）九月，神宗又晋封王安石为"荆国公"，这便是后世称王安石为"王荆公"的来历。

由于没有政事缠身，王安石得以静下心来钻研学问，他先后完成了《三经新义》的修改工作，著成《字说》一书，又撰写《洪范传》一卷。他把这三部书都上交朝廷，令其得以刊布。前两部书的主要部分后来被元祐党人所毁坏，只有《洪范传》流传下来，这是非常遗憾的一件事，也是中国文化史上的一个损失。仅此一点，就可看出元祐党人心胸之狭窄。《洪范传》则因为被收入百卷本的《临川集》中而被保存下来。

王安石坚决要求辞去一切行政事务，判江宁府的工作也坚决

183

辞去，以便专心读书著书，过清闲自适的生活。他在城郊临时租赁一个小院，隐居起来，一般百姓并不认识这位曾经风云一时的人物。

在搬出官府宿舍的前一天夜晚，王安石安排家人和仆人把官府中的一切东西全部留下，一根草棍也不能带走。公私分明，这是王安石的一贯风格。夫人吴氏喜欢他们夫妻所用的床。那是一张藤床，是制造工艺水平很高的家具，造型古朴大方，睡着很舒服，看着也很美观，故有点舍不得。她询问王安石是否能把这张床带回去，哪怕是多给一些钱也可。

王安石不同意，觉得这样做有损清德，何况给钱也容易贻人口实，多了少了都说不清楚。他答应夫人回到家中后仿照此床再打造一张。吴氏夫人本是深明大义的女性，当然同意。

关于这件事，也有政敌肆意歪曲，诽谤王安石夫妇。

有人说，吴夫人喜欢官府中配置的这张床，便让人搬到了新租赁的住宅。管理官府后院宿舍的官员清查物品时发现少了一张藤床，便来到王安石的新住处要回，但吴夫人不给，谁劝也不行。那位官员很焦急。

后来王安石见无法说服夫人，便穿着脏乱的衣服，甚至光着脚到床上踩了几下，再躺一会儿。吴夫人一看自己的丈夫上去连踩带躺的，便嫌弃太脏，说不要那张藤床了。还有人夸奖王安石"巧计退藤床"，这简直不但看轻了王安石，更看轻了吴夫人，还看轻了官府中管事的人员。

跟王安石过了一辈子的吴夫人，就因为王安石上床躺一会儿便不要床了？莫名其妙！况且，即使官员家属真的带走了属于公家财产的一张藤床，那位管事的小吏至于撵到家里来跟夫人要吗？顶多跟王安石要。

神宗皇帝为了能照顾王安石的生活，便下诏命王安石的弟弟王安上权江南东路提点刑狱，由原来的治饶州改为治江宁。这样，王安石最心爱的弟弟王安上便到了金陵做官。

虽然神宗皇帝对王安石始终非常关照，但王安石从来都非常低调，没有一点仰仗贡献和功劳而盛气凌人的意味，反而尽量低调，没有丝毫的特权观念。

一次，王安石出门办事，正碰上王安上出行，前面鸣锣开道，不小的仪仗队紧随其后。百姓们都急忙躲到两边观看。王安石一见弟弟的车驾来了，怕被认出来，便急忙躲进街旁一家百姓院子里，半掩着门，从门缝看着，等着弟弟的车驾过去。

院子里住着一位老太太，正要出门抓药，突然见闯进来一个陌生老头，一愣，就问："老人家怎么到我家来了？有什么事吗？"王安石微笑着说："过来一个大官的车驾，进来躲一下。"老太太也听到外面喝道的声音了，说："啊！吓我一跳！怎么，客官怕当官的？"

王安石笑道："我倒不怕官，怕麻烦。"

"我要出去抓点药，这出不去了，还得等一会儿。"老太太说。

王安石问："请问您要抓什么药啊？"

老太太说："偶尔有点疟疾，抓点药准备着。"

王安石说："还真巧了，我这正好有点治疗疟疾的药，就送给您吧，免得上街了。"老太太一听，挺高兴，进屋取来一缕麻线，说："嘿！礼尚往来，相公可以拿着回去送给相婆。"王安石开心地笑了，说："谢谢婆婆！"

其实老太太并不知道王安石是宰相，而"相公"是宋代女性对于男性成年人的尊称。相公的夫人当然是相婆了。而王安石的夫人正好是宰相的老婆，就是名副其实的相婆。王安石暗笑，真有意思，还真让这个老太太说对了。

王安石在这方面堪称楷模，清心寡欲，而且是发自内心的，绝没有沽名钓誉之意。自从把卫兵和仪仗队以及车马轿夫都退回去之后，王安石出门就骑一头小毛驴，身穿普通百姓服装，有时进城逛逛市场，观察市井民情，顺便买点时鲜蔬菜；有时上附近的钟山即紫金山逛逛，听听百姓的议论。谁也不知道这个骑毛驴的老头就是主持朝廷变法大业的王荆公。

有一天，王安石带领一个仆人，骑着毛驴上钟山溜达。山半腰有座寺庙，王安石让老仆人拉着毛驴在外面休息，也顺便让毛驴吃一会儿青草，王安石一个人信步走进寺庙。

正是初夏季节，气候温润，草长莺飞。寺庙里人不多，王安石看见左边有一个凉亭，亭子下有几个书生正在高谈阔论，便走过去坐在旁边的一个凳子上。

这几个穿着儒生服装的青年都是当地的秀才，他们在辩论秦朝灭亡的原因。有人说是秦始皇太残暴，有人说是赵高弄权，有人说是胡亥昏庸，还有人说是李斯不能制止赵高阴谋。王安石边听边微微点头或轻轻摇头。

其中一个秀才注意到了王安石，见这个普通老头好像能听明白似的，便问王安石道："你也明白点历史吗？"

王安石点点头说："略微知道那么一点点。"那秀才又问："你叫什么名字啊——"，连个"您"字都不用，"啊"字还拉长声，真没礼貌。

王安石也不生气，拱拱手，很认真地说："在下姓王——，名安石。"

那秀才把姓和名连一起一读，"王—安—石……"，立即瞪大眼睛，非常惊愕地问："您、您就是大名鼎鼎的舒国公？"

这里简单交代一下，王安石这时候的封号是舒国公，元丰三年才封荆国公。

王安石看看几人，微笑道："王安石还需要冒充吗？"

几名秀才确认这位普通衣着的老头真的就是王安石时，再也没有高谈阔论的雅兴，一个个都没精打采地走了。这是《青琐高议·后集》卷二上记载的。我感觉有点奇怪，既然是好读书之人，意外见到王安石为何不喜出望外，当即请教呢？看来这几个不是真正的读书人。

第二节　元丰库

元丰二年春节后，王安石的弟弟王安上携妻子来给兄嫂拜年。王安上即将离开江宁到外地任职，也是来向哥哥告别。

吴夫人也最喜欢这个最小的弟弟，她嫁到王家的时候，这个小叔子还不到十岁。吴夫人和王安上的妻子在一起生活十几年，妯娌关系一直很好。

兄弟二人叙完家常，话题逐渐转到国家大事上来。他们谈到新法依旧运行，而且很多法令制度已经走上正常轨道，人们都逐渐习惯。之后，王安石让兄弟详细讲一下"元丰库"的情况。

一提到元丰库，王安上立刻来了精神，先一仰脖，喝了一杯酒，说道："三哥，你要问这个事，兄弟我还真有很多话想说。"

王安石没有答话，稍微眯缝着眼睛，等兄弟说。

"话要从去年春天说起。前年秋天后，全国各地凭'青苗钱'和'免役宽剩钱'这两笔收入就积累了几千万贯。那是几千万贯啊！"好像怕王安石没有听清或者没有重视，王安上提高嗓门，还用力挥了挥手。

"恐怕这只是上缴朝廷封桩的钱，还不包括各地方府库的钱。"王安石先喝了一杯酒，很平静地补充说。他好像早就知道这一点似的。

"对！对！圣上见如此巨额的钱，便下令三司使和将作监共同协调选址，建造了三十二个府库。那三十二个完全一样规格的府库并排排开，专门收藏这些银钱。那可真是气派啊。"王安上说到这里，神采飞扬，两眼放光。

"三十二个？这么多？"王安石问。

王安上又给自己斟满一杯酒，一仰脖喝干，接着说："圣上在每个库上面御笔题写一个大字，连起来读就是'五季失图，狁犹孔炽。艺祖造邦，思有惩艾。积帛内帑，基以募士。曾孙承之，敢忘厥志。'圣上的志向非常明显，所以朝野上下都欢欣鼓舞，人心振奋。"王安上越说越兴奋，声音也越来越高。

王安石道："'五季失图，狁犹孔炽。艺祖造邦，思有惩艾。积帛内帑，基以募士。曾孙承之，敢忘厥志。'看来圣上的志向没有变，没有变啊！好啊！好啊！"

王安上见哥哥如此高兴，便接着说："这还不算，还有比这更令人兴奋的呢！"

"说！接着说！"王安石有点迫不及待。

"不到一年，钱又多得没有地方放了，于是又选择新址建了二十个府库，将朝廷封桩的钱再装进去。圣上又在每个府库上题写一个字。这二十字是一首五言诗——'每虑夕惕心，妄意遵遗业。顾予不武资，何日成戎捷。'国家的财力真是太雄厚了。"

王安石似乎受到了感染，自己要斟酒，王安上急忙把酒壶抢过去，给哥哥斟上满满一杯酒。王安石也一饮而尽，脸色有些红了，兴奋地说："好啊！好啊！'每虑夕惕心，妄意遵遗业。顾予不武资，何日成戎捷。'看来圣上还是有志向的。"

"三哥，这都是新法带来的伟绩啊！你真了不起！"王安上说着，竖起大拇指。

王安石急忙制止兄弟："千万不能这样说，我刻意变法，百折不回，就是要为天下理财，让百姓过上好日子，让国家富裕起来、强大起来。我是不求有功，但求无过。"

接着，王安石的话仿佛打开闸门的水一样滔滔不绝，他借着酒劲，向自己心爱的弟弟敞开了心扉，把憋在心里一年多无法倾诉的话都倒了出来。

王安石告诉弟弟，自己如此坚定推行新法，设计许多新的制度，目的就是革除积弊，振奋人心，振奋民族精神，让大宋不再被两个并不强大的邻国欺负了。可当财富积累起来之后，圣上的心思好像在悄悄转变。熙河大捷确实如圣上所说，他也犹豫过，中途曾经要打退堂鼓。是自己反复分析，说服圣上，坚决信任和支持王韶，才取得熙河大捷的历史性胜利。

其后，自己反复提示和建议圣上，乘势消灭西夏国。西夏国现在是幼主秉常当国，太后专权，国家政治分崩离析，正是最好时机。可是圣上始终不理睬。自己是光着急使不上劲。唉！时机易逝而难得，太可惜了！熙宁八年，契丹人挑衅，要重划蔚州、应州、朔州三州边界。自己坚决不同意，并派沈括前去谈判。本来对方已经答应，谈判有了结果。可是圣上偏偏又派韩缜去割地。白白给人家几百里疆土。这件事可真是太窝囊了！正是这件事，才促使自己下决心辞官回家的。对于敌人软弱，一味退让，小富即安，不思振作，这是自己最担心的。

王安石最后说："今天听你详细陈述了'元丰库'的情况，五十二库的钱，足以应付灾害和战争。圣上的两首诗，表明他还时刻在想着要收复燕云十六州，还想着要挺直腰板，恢复我华夏大国的中心地位。虽然我的愿望是恢复汉唐旧境，但圣上如果能够收回被卖国贼石敬瑭送给契丹的燕云十六州也就不错了。为这个，咱们兄弟再干一杯。"

这是王安石最近几年最开心的一天。

这里需要交代一下神宗两首诗的意思和王安石兴奋的缘由。

先说三十二府库每库上一个字的第一首诗："五季失图，猃狁孔炽。艺祖造邦，思有惩艾。积帛内帑，基以募士。曾孙承之，敢忘厥志。"这首诗是说五代时期失去了燕云十六州的版图，使异族的气焰很嚣张。太祖皇帝赵匡胤创立国家的时候，曾经想要收复失去的燕云十六州。在朝廷内部建立封桩大库，准备招募勇士收复故土。神宗作为太祖的曾孙继承太祖的事业，怎么敢忘记太祖的遗志。原来宋朝建国之初，太祖赵匡胤曾经在内府库中专门建"封桩库"，准备用来解决燕云十六州问题。但后来因为多种原因而没有实施。

第二首诗比较直白："每虔夕惕心，妄意遵遗业。顾予不武资，何日成戎捷。"神宗在诗中表明：我每天早晚都在提醒自己警惕，心中一直在遵循祖先的遗志。只是顾虑自己缺乏武装斗争的才能，不知什么年月才能取得打败敌人的大捷。

平心而论，神宗确实缺乏文韬武略，缺乏军事才能，这为后来的事实所证明。王安石变法为神宗积累了大量的财富，大大提升了国家的经济实力和军事实力，准备了一把好牌，可惜神宗不是高手，没有打好。

第三节　内弟被追捕

王安石决定寻找一个僻静的地方，建造一个新的家园。他受到神宗建设"元丰库"的感染和鼓舞，对于生活也充满信心，于是想要建造一个安身之所，在城里租赁而居毕竟不是长久之计。城里很嘈杂，出门便是人。不用说上闹市区，就是普通住宅区，也是人来人往，车水马龙。

王安石多次去钟山，他发现在城里到钟山的途中，有很大一块低洼的废地，当地人称作"白塘"。这里离城里衙门所在地和钟山的距离基本一样，周围没有村庄和人家，非常僻静，而且又不是耕田，连开垦都很难。这样的地块当然也不值钱。于是王安石向当地政府提出购买那块荒地。

地方官知道王安石的伟大贡献，非常敬佩，要送给王安石。王安石不肯，还是用一定的钱买下了这块荒芜低洼的荒地。

王安石曾经指挥过很多水利工程，对于治理低洼地很在行。那是一块面积一百多亩的土地，王安石根据原有地形，在周围随形就势设计出一道水渠，将附近经过的一条河流引进来。修渠挖出的土石集中堆放到中间，形成高出地面三米以上的一块地。在这块地上面建五间茅草屋，两侧是厢房，房屋周围竖起一道篱笆，里外通透，只是象征的院墙而已，外面再栽些树木。这是真正的杨柳掩映下的茅屋，颇有隐居者的神韵。

这时，吴夫人的一个堂弟来看望姐姐。

很长时间没有看见娘家人了，吴夫人自然非常热情，但晚上住宿犯了难。租赁的房屋本来不宽敞，也没有专门的客房。便安排堂弟临时居住在附近一所佛寺的行香厅里。因王安石的这位内弟没有留下名字，我们姑且称之为"吴生"吧！

行香厅是佛寺里最大的厅堂，是举行佛事活动的场所。事情也真巧，他刚刚住下就赶上"同天节"，州县两级官员要在行香厅建道场。所谓"同天节"是宋神宗赵顼的生日，这一天是四月初十。

太守叶均派人去告诉吴生，今天官府在这里有大型活动，请他回避一下，不要住在那里。吴生没有地方去，又仰仗自己姐夫是王安石，故不肯搬，但他并没有说出自己和王安石的关系。

在仪式进行的时候，吴生躲在屏风后面，静静听，静静观看。等仪式结束，这些官员也没有离开，而是交谈起来。吴生不耐烦了，就在屏风后面发牢骚，语言也不太文明，声音还很大。

太守叶均装作听不见，但转运使毛抗、判官李琮非常生气，下令太守将其带回去审问，看什么人敢如此藐视官府。转运使发的话太守不能不执行，于是叶均命人去捕。

两名穿着绛色衣衫的皂隶拿着拘捕证，前去庙里的行香厅带人，吴生一见官差来了，知道是来抓自己的，急忙从侧门逃跑了，两名差役进去一看无人，出门正好看见吴生的背影，便一路紧追不舍。

吴生直接进了王安石租赁的宅院，跑进王安石家简陋的客厅，坐下"呼哧呼哧"喘气。吴夫人见弟弟跑得气喘吁吁，便问怎么回事。吴生指着门口说："有差役来抓我。"

"为什么？"吴夫人问。

"不让我在行香厅住！"姐弟俩说话间，院子里争吵起来。

两名差役眼看着吴生跑进这所住宅，眼看着进了正房的房门，紧跟着追进院子来。

王安石家的老仆人一见差役不叩门直接闯进院子，便出来阻止道："什么人敢随便乱闯民宅？天下就没有王法吗？"

"我们是执行公务，奉命拿人。"两名差役理直气壮。

"你们拿什么人？到我们府中来拿？"

"一名捣乱分子跑到你们家来了。我们亲眼看见他跑进这个院子，就进那个门了。"两名差役指着正房的房门，说得很清楚。

这时，争吵惊动了书房里的王安石。他见两个差役站在院子里，态度还很蛮横，很不高兴，问道："你们要干什么？"王安石穿的是便装，两名差役又不认识他，但感觉这个老头有点威严，是见过世面的，态度也缓和下来，便说明来意。

王安石说："人，你们今天就不要带了。你们回去直接跟叶均说，如果带人，让他亲自来，我跟他去。"

两名差役更是丈二和尚摸不着头脑，他们虽然不认识这老头，但他们知道叶均啊！那是金陵最大的官，这老头好像根本没有把叶均放在眼里，直呼其名，连个"大人"的称呼都不加。那肯定不是一般人啊！于是也知趣，连连抱拳作揖告退。

叶均听两名差役一报告，再听他们对住宅位置以及说话人体貌神态的描述，马上知道是王安石了。于是把两名差役各打十板子，教训他们不知眉眼高低，惹恼退休老宰相，然后约转运使毛抗和判官李琮一起到王安石家中赔礼道歉。

王安石并不知道内弟没有地方住的情况，也不知道内弟住在庙里还被驱赶的事情，更没有想到专门抓人的差役居然抓到自己的家门口来了，当然很郁闷。

三位朝廷命官到来，王安石在客厅接待他们。夫人吴氏在屏风后面听。三人说两名差役已被处罚。王安石倒没有说什么，也不能发脾气，只是随口应答。

这时吴夫人从屏风后面出来，很生气地说："我们家相公是不执政了，他门下的人十之七八都疏远他了。这也没有什么，人在情在，人走茶凉嘛！但也没有人敢追到我家来抓我没有罪过的亲戚啊！这也太过分了吧！你们这么做太欺负人了！"

正在这时，仆人领进来中使二人，是神宗皇帝特意派来慰问王安石的。二人见气氛不对，便问是怎么回事。吴夫人便把事情的经过陈述一遍，叶均等三人再三赔礼后走了。

两名中使回朝，神宗询问王安石的生活状况，二人将行香厅的事情说了一遍。神宗连连叹息，于是下诏把叶均、毛抗、李琮三人全部免除官职，派王安石最得意的下级和门生吕嘉问出任江宁府知府，好随时照顾王安石。

第四节　今日谁非郑校人

王安石所建园子的位置选得不错。从江宁府衙门出来往东南方向走，出东城门，过白下桥，再走不远就到了。

从这里往南，再走七里地左右就是闻名遐迩的钟山，也叫紫金山。因此地正在江宁府衙门到钟山路程的一半处，王安石便称自己这所未来的宅院为"半山园"，自称为"半山老人"。从此，王安石晚年就有了"半山老人"的称谓，乃至于后来人们称他诗作的风格都叫"半山体"。

半山园的故址据说在今日江苏南京市中山门以内。王安石选中这里还有一个原因，就是新结识的好朋友杨德逢就在附近，在这里建造家园，可以和其结为邻居。

经过一段时间的营建，新居落成。王安石命人将住宅建在中间地势高平处，显得非常敞亮，视野开阔。洼地按照原来的设计成为围着宅院的一圈水渠，水渠两边栽上杨柳树。庄园的周围也不起院墙，只是凭借那条水渠自然形成一个小型的园林。

房屋建造极其简单朴素，还有一些茅屋竹舍，大有返璞归真的神韵。附近还稀稀落落地住着几户庄院人家，鸡犬之声相闻。

半山园建成之后，王安石给自己最心爱的小女儿的丈夫蔡卞写了一首诗，一是介绍一下住宅建造的情况，二是请他们夫妇时常来。

王安石干脆彻底过起田园生活，平平淡淡才是真。于是，他把朝廷给自己的许多生活待遇都辞去，连车也不坐，更不用大轿肩舆之类的东西，而是和普通百姓一样。

在王安石半山园的附近，有一处名胜古迹，这就是以当年东晋大名士谢安命名的一个大土墩，当地人都称之为"谢安墩"。王安石坐在书房里，打开窗户就可以看到这个墩子。对于谢安的人品和所建立的丰功伟绩，王安石是很钦佩的。他在谢公墩上修了一座简单的凉亭，就叫"半山亭"，兴致一来，写作《谢公墩》二首：

> 我名公字偶相同，我屋公墩在眼中。公去我来墩属我，不应墩姓尚随公。
>
> 谢公陈迹自难追，山月淮云只往时。一去可怜终不返，暮年垂泪对桓伊。

前诗富有调侃的意味，很有情趣。后来有人攻击王安石，说王安石一生就好争，在朝廷里跟活人争，隐居时还跟死人谢安争一个土墩。这种说法真是可笑。

王安石对佛学也有很深刻的理解。他虽然吃肉，但绝不杀生。王安石住进半山园后，更是如此。每次有人送他活鱼，他都让人拿到外面池塘中放生。

他也经常往自家前面的横塘里放鱼，被有些人看到，在夜晚悄悄进院，常用手网偷偷捞去吃掉或者卖钱。

王安石和弟子吕嘉问、叶致远在池塘边上散步，吕嘉问知道这种情况，便说："可以写个告示牌。"叶致远开玩笑说："不用那么费事，只要用一首集句诗写桥柱子上就行！"王安石看着他，等下文。

叶致远笑着说："门前秋水碧粼粼，赤鲤跃出如有神。君欲钓鱼须远去，慎勿近前丞相嗔。"王安石听罢，哈哈大笑，说："还挺贴切的。""我这里也有一首。"吕嘉问马上接过去说，"丞相慈善放锦鳞，锦鳞未必不伤神。直须自到池边看，今日谁非郑校人？"王安石听罢，当然理解其深刻的含义，但也就是微笑而已。这可不是一般人能够有的心态。

如此简单的一件事，经过学生诗句的点拨，可就不那么简单了。这里有极其深刻的人生道理。那就是贤人、仁人、好人经常被小人欺骗。

从前有人向郑国子产赠送活鱼，子产命校人（管理池塘的小吏）把那条鱼放到池塘里，结果校人把鱼烹吃了，回来报告子产说："那条鱼刚放进水里时看起来很疲乏不爱动，过一会就变得非常活泼了，然后便迅速地游到深处去了。"子产说："总算是到了它应该去的地方啊！"

校人对人说："谁说子产有智慧？我已经把那条鱼做熟吃掉了，他还说'总算是到了它应该去的地方啊！'"

那么，难道子产的智慧就值得怀疑了吗？非也！只有小人这么认为。

孔子在回答弟子提问时说过一句非常经典的话："君子可欺

也，不可罔也。"即君子可能被欺骗，但不可能被引导去干不道德、不仁义的事。

吕嘉问的诗句"直须自到池边看，今日谁非郑校人"，王安石当然明白是什么意思。这句诗提醒王安石，在他执政的时候，很多势利小人趋之若鹜，他也提拔重用了很多人，但有的人在他下台后便另攀高枝不再理他，有的甚至诬蔑他，攻击他，诽谤他。

说到这里，就不能不提吕惠卿。吕惠卿是王安石变法过程中最得力的支持者，也是最有实际工作能力的人。吕惠卿字吉甫，福建泉州人，公元1032年生人，比王安石小十一岁，是王安石变法的第二号人物。每当变法遇到阻碍时，吕惠卿都坚决支持王安石，在整个变法运动中，非常活跃，在很多方面都很有建树。

但到变法后期他与王安石产生矛盾，为了给自己减轻责任，曾经把王安石写给他的私人信件的内容告诉相关人物，其中包括神宗。其实王安石信中也没有什么见不得人的东西，只是提示吕惠卿在回答神宗问话时，对于新法中出现的一些问题要有策略地回答。不该说的不要说，尤其是出现的问题，要尽快解决而不是向皇帝汇报。这也没有什么，但他如此一搞，就好像王安石让他欺君似的。

此事对王安石有一定影响，但伤害最大的是吕惠卿本人。苏辙在后来弹劾他的奏疏中说："安石于惠卿有卵翼之恩，父师之义。方其求进则胶固为一，及势力相轧，化为敌仇，发其私书，不遗余力。犬彘之所不为，而惠卿为之。"

就这件事情看，吕惠卿确实不是君子。宋代人攻击吕惠卿最主要的就是这一点，他出卖自己的恩人。

也正因为如此，王安石对于吕惠卿是爱恨交加，感情非常复杂，有时候竟不知不觉便写"福建子"三个字。并不全是恨，其中遗憾、惋惜、埋怨的情绪都有。

如同吕惠卿这样对待王安石的可能有一大批人。如果我们能够冷静思考的话，应该说这是社会的常态。

第五节　吕惠卿

吕惠卿离开朝廷之后，不断受到一些官员的弹劾和攻击。在风言风语中他又听说王安石也对他不满，说过一些对他不利的话。他觉得有些冤屈，就写信询问到底是怎么回事。

吕惠卿父亲吕璹，谙练吏事，为漳浦令，很有行政经验，对吕惠卿有很大影响。吕惠卿本人是进士出身，曾经为真州推官。秩满入都，见到王安石，二人对于经义和天下大事，见解多合，于是成为朋友。在变法过程中，吕惠卿是最坚定的变法派，许多新法的具体条目是王安石拿出大纲，他具体制定细则。吕惠卿在推行新法中也不遗余力，新法取得如此大的业绩，吕惠卿也是有功劳的。

吕惠卿的为人，王安石还是比较了解的。此人绝顶聪明，办事干练，但心胸狭窄，不能容人，好图小利。在王安石执政时，吕惠卿多次劝王安石对那些反对、阻挠新法的人要狠狠整治，王安石没有听他的意见，而是采取宽容的政策。对司马光、苏轼、范纯仁等坚决反对新法之大臣，王安石一个也没有打击。包括吕诲和郑侠，虽然对王安石毫不留情，甚至用了许多过头的语言进行攻击和诬蔑，但王安石也未对其进行整治，更没有任何人身攻击，充分表现出一种雍容大度的君子风范。正因为这一点，保守派中的主要成员对王安石始终也没有过分的举动。

在王安石辞相的一年多时间里，变法派和保守派的矛盾集中到吕惠卿身上，他当然没有王安石的度量，对反对新法的人出手较狠，如对郑侠一案的处理。再加上他本人有私心，刚刚掌权便把自己的弟弟吕升卿和吕和卿提拔起来，遭到政敌攻击，甚至在之后的宋史本传中，他都被列入《奸臣传》，可见政敌对他的痛恨程度。

平心而论，吕惠卿不能算奸臣，顶多算小人。

吕惠卿是欧阳修最先推荐的，但他真正登上历史舞台是靠王安石一手提拔的。王安石在重用他的时候，就与神宗皇帝谈论过能人和贤人的问题，当时也只是把他作为能人起用的。

王安石是他的老领导、老上级，又是一手提拔他的恩人，他却做一些小动作防止王安石东山再起，可见其心术属实不正。

一般的政界人物在政坛上都有黜陟沉浮的过程，可吕惠卿是个特例。他自从熙宁八年离开朝廷以后，沉下去就再也没有浮上来，只有黜而没有陟。像曾布、冯京等人后来都曾经再度受到重用而风光一时。而他却不同，即使是后来所谓的新党执政，也没有人主张再起用他。可见此人的人缘实在太差，根本原因还是人品欠佳。

吕惠卿或许认为从自己对变法的贡献来看，在王安石退出政坛后，他应当再回朝廷执政。可是王安石退隐后，他的官运不但没有好转，反而越来越坏。他潜意识里认为这里有王安石的影响，再加上听到的一些谣传，他对王安石产生了强烈的不满，便写了这封信。

读了此信，王安石感到有些伤心，其实自己对吕惠卿没有任何的私人成见，更谈不上什么怨恨，完全是由于工作当中有一些政见不同，尤其是对一些问题的处理方法不同，才产生了一些矛盾。可是别人无论怎样议论吕惠卿，自己从未说过一句对他不利的话。吕惠卿对自己产生如此深的误会，真令人悲哀。

事情已过去，自己亦已退出政坛，不再过问任何政事，吕惠卿何必听信一些谣传而对往事耿耿于怀呢？何况，就往事来说，我王安石也没有一点对不起你吕惠卿的地方啊。想到这里，王安石马上给吕惠卿写了一封回信。

信的大意为：我和你同心变法，最后产生不同意见，全都是由于国家之事，哪里有什么别的因素？当时，同朝执政的人都纷纷反对新法，只有你独自帮助我，那么我对你又有什么可憾恨的呢？人们或许有议论你的，我并没有参与，你又有什么可怨恨我的呢？你正在年富力强之时，而我已经老迈年衰，我们进退的情况不一样，追求的人生目标也不同，相互之间记那些往事没有任何益处，不如忘掉以前的事情为好。想必朝廷早晚要起用你，希望你为了国家为了时代保重身体。

当年冬天，又有一件事使王安石无法平静，他本来不想再过问天下事情了，但一听说这件事，他的心情便不是"吹皱一池春水"，而是波涛汹涌、起伏难平。

事情的起因是苏轼由徐州知州调任为湖州知州。一般来说，官员接受新的任命应该写《谢表》，实际就是表示一下态度。苏轼在《谢表》中写了这样的一个对偶句："知其愚不适时，难以追陪新进；察其老不生事，或能牧养小民。"这句话有点发牢骚，也有讽刺和自嘲的意味。当时保守派大臣都称变法派中新提拔的年轻官员为"新进"，而司马光在写给王安石的信中也说王安石"生事"，苏轼在这里用这两个敏感度极高的词语，当然会触动执政者敏感的神经，于是，监察御史里行何正臣上奏章弹劾苏轼大不敬，讽刺新法和执政。

赶巧苏轼的朋友驸马王诜出钱给苏轼刻印了一册《元丰续添苏子瞻学士钱塘集》，里面收录的都是最近几年苏轼的诗文，王诜这真是好心办了坏事，这本诗文集给政敌陷害苏轼提供了充分的证据。当年被苏轼得罪的李定、舒亶便寻章摘句，专门挑对于新法有牢骚的诗句，最后给苏轼罗织成"包藏祸心，怨望其上""愚弄朝廷，妄自尊大"的罪名。

御史台派人将其押至京师投入御史台大狱。经过审问，苏轼承认大半，对死罪坚决不认，其后一直被监禁在狱中。

王安石听说了事情的原委，他对苏轼是又爱又怨。爱的是苏轼才气高，诗文好，为人正直，不搞阴谋；怨的是苏轼始终不理解自己变法的初衷和深远意义，太爱闹意气，遇事不能冷静思考。他全凭意气办事，跟随司马光和新法作对。自己每出台新法，提出异议的几乎都有他苏轼。但苏轼提意见归提意见，对于新法还是坚决推行，在他执政的地方，新法推行都很顺利，百姓口碑也好。这样的人怎么可以说抓就抓？听说那几个人往死里整苏轼，神宗还年轻，王安石担心神宗一旦受了蛊惑，杀了苏轼，那么不但是苏轼的悲剧，也是神宗的悲剧。他越想越感觉事态严重，于是提笔给神宗皇帝写了一封札子，即私人信件。信中给苏轼求情，其中有"安有圣世而杀才子乎"一语。

王安石的信年末送到神宗的手里，神宗本来也不想杀苏轼，正在犹豫之时，王安石的这封信起了作用。神宗当即下旨释放苏轼，把他贬到黄州去了。从此苏轼开始了新的人生。

这是元丰三年（1080年）的事，彼时王安石归隐已四年多。给吕惠卿的回书送走之后，王安石的心情也有那么三两天不太舒畅。

这一年王安石已六十岁，但身体和精力比刚退下来的时候还要好。王安石离开京师后，执政的第一宰相是王珪。王珪比王安石还大两岁，但为人忠厚沉稳，在执政前声望甚佳。当上宰相后，有几人试探着提出要停止或改变新法，他都用"萧规曹随"的说辞拒绝了。所以新法一直推行，天下已经认可。王珪虽然遭到一些人的攻击，但他也毫不在乎。当然，新法得以顺利实行，关键还是神宗皇帝坚持，但执政宰相的作用也不可忽视。

元丰二年五月，蔡确出任参知政事。元丰三年二月，章惇出任参知政事，这二人也都是坚持新法的人物。所以，朝廷的大权一直在变法派手里。

新法顺利实行，在整个国家的各个方面都起到了实效。国家的财政情况大为好转，百姓尤其是农民的生活有了很大的改善。对于这种状况，王安石从心里高兴。

第一节　宝公塔

　　自从完全退出政坛，王安石感觉非常清静，再也不必绞尽脑汁去思考各种错综复杂的人际关系了。但人的心是很难真正清静下来的，尤其像王安石这样曾经执掌大权而干成大事业的人，经常会下意识地想到变法大业和百姓的生活状况。

　　王安石在执政期间，当心情特别烦躁的时候，经常用佛教中的一些思想来缓解内心的焦虑，曾与许多高僧有过交往。如今隐居起来，王安石便想通过佛教来缓解心中的郁闷与烦躁。

　　这一时期，王安石阅读最多的是《维摩诘所说经》。这是鸠摩罗什翻译的佛教经典，是讲述一位名叫维摩诘的居士在家修行，他本身是位超级大富翁，家有万贯，奴婢成群。但是他勤于攻读佛法，虔诚修行，能够处相而不住相，对境而不生境，得圣果成就，被称为大菩萨。

这位大菩萨早已成佛，便是金粟如来。他最突出的地方是才智超群，既享尽人间富贵，又善论佛法，这种不起分别心的修行，被称作"不二法门"，也称作"不二禅机"，即语默不二、小大不二，这对禅宗影响很大。因此这位在家修行得道的维摩诘居士，也深得佛家尊重。

唐代大诗人王维便是受《维摩诘经》影响非常深的诗人，他名维字摩诘，连读便是"维摩诘"。王维的一生能够化解仕与隐的纠结和矛盾，亦官亦隐，其山水田园诗中一片禅境。

元丰二年六月二十五这一天，王安石早晨起来便闷闷不乐。其实吴夫人也知道丈夫的心事，只是不愿意说破，二人心照不宣。夫人这几天也是心火很大，身体非常不好，走路都困难。幸亏家中女仆人服侍周到，才没有大碍，但行动依然很吃力。

吃过早饭，王安石跟夫人商量，说今天出去散散心，晚上就不回来了。夫人本来想要陪伴夫君，但心有余而力不足，只能暗暗着急，于是反复叮嘱家童一定好好照顾主人，反复叮嘱王安石注意照顾好自己。

王安石和仆人一直朝蒋山中定林寺的方向走去。虽然只有七八里山路，但王安石身体大不如前，还是骑上他心爱的小毛驴。天下人都知道，王安石不坐轿，他认为同样是人，没有把别人当牲畜的道理。所以说王安石是"拗相公"还是比较贴切的。王安石确实是很固执的人。山路不好走，有时还要下驴徒步行走。王安石毕竟是虚岁六十岁的人，身体也不很健康，所以要挂根拐杖。

山路虽曲折、起伏不定，但基本是林荫路。从定林寺方向流过来一道清澈的泉水，横贯定林寺的东南，正好是王安石前去的方向。因此他们偶尔就要顺着泉水往上走，有时还要从泉水淌过去。乏了，主仆二人便在路边的大石头上坐下休息一会儿。

这时，看前面蒋山深处飘出一块一块的白云，轻飘飘的，无拘无束，很有神韵。王安石忽然想起王维"行到水穷处，坐看云起时"的诗句，默默点头，心想王摩诘确实是领悟到佛法真谛的人，无论是生活还是诗画都有佛境禅味，怪不得当时便被称作"诗佛"。

休息一会儿，王安石继续往前走，忽然感觉自己眼下这种情景也有了诗味，于是顺口吟道："定林青木老参天，横贯东南一道泉。六月杖藜寻石路，午阴多处弄潺湲。"（《定林》卷四十四）

又走了一段路程之后，王安石主仆来到宝公塔院。这是一座不大的院落，里面的主体建筑便是宝公塔。王安石对塔里收藏舍利的这位高僧自然非常了解。

所谓的"宝公"便是南朝梁武帝萧衍时期名满天下的宝志和尚。宝公名宝志，是南朝高僧，俗姓朱氏，金城（今甘肃兰州）人。梁武帝特别敬重他，对他深信不疑，俗呼为志公。宝志和尚能写一手精妙的小篆。

南朝宋泰始年间（465—471），宝志和尚经常出入钟山，来往都邑，疯疯癫癫，披着发，光着脚，执一锡杖，杖头挂剪刀及镜子，或挂一两匹帛。他身上时常发生让人难以捉摸的故事。

据说，宝志和尚圆寂前对人说："菩萨将要走了！"不到一旬便无疾而终，遗骸香软，容貌平和喜悦。宝志和尚临走的时候，点燃一支蜡烛交给后阁舍人吴庆，吴庆报告给梁武帝，梁武帝叹息道："大师不复留矣！烛者，将以后事嘱我乎？"因而进行厚葬，将其埋葬在钟山独龙之阜，建造开善寺，下诏命陆倕书写铭文放置冢内，而命文士王筠作碑文放置在庙门，并让画工画他的遗像，放置于很多地方。永定公主出资为他修建宝塔，名叫"宝公塔"。

据说，现代民间流传非常广泛的"济公"原型便是这位疯疯癫癫的宝志和尚。人们之所以喜欢他，是因为传说他先后运用法力使齐武帝萧赜和梁武帝萧衍废除肉刑，实行仁政，对于缓解当时百姓的苦难有一定作用。可见，真正关心百姓的人便会得到百姓的拥戴和永远的纪念。

进入院子里，抬头看看宝公塔那巍峨的身姿，遥想一下这位充满传奇色彩的高僧，回头瞭望一下周围的风景，王安石不禁为此处形胜所感叹。

王安石一边思考，一边拾级而上，登上宝公塔最高层。回头看，自己的仆人和小毛驴就在山门侧的松树阴凉下面休息，而自己则独自站在这最高的地方。这里风比下面大很多，视野开阔，山水缭绕，萦青缭白，塔院里没有游人，万籁无声，忽然松树枝上出现一只松鼠摇晃着肥大的尾巴跳向另外一条松枝，塔院外一对乌鸦在双双飞舞，不断转身上下，姿态很美，仿佛在交流。看看太阳转西，王安石便从塔上下来，一个人默默走到一个祠堂前面。院里除宝公塔外，还有一个新建的祠堂，规模不大但很典雅，这个祠堂纪念的不是别人，正是王安石的宝贝儿子王雱。

王雱是三年前在汴京去世的，当时神宗对其进行追封，也给了相当数额的丧葬费。王安石在宝公塔院子中求得一个位置，给儿子建立一个小规模的祠堂。王安石将儿子的遗体安葬在这里，也是为了祭奠方便。儿子王雱死的日子如同刀刻一般深深刻印在王安石的记忆里，那是熙宁九年六月己酉日（熙宁九年六月乙酉朔），己酉日是二十五。也正是那天的酉时，正是太阳落山的那个时候，王雱呼出最后的一口气，闭上双眼，结束了三十三岁的年轻生命。

来到儿子的牌位前，王安石看着"王雱"的名字，脑子里不断地闪过儿子一生的画面，不知不觉间满脸是泪。

王安石用宽大的衣袖擦拭一下眼泪，视线由模糊渐渐清楚一点了。于是他写下《题雱祠堂》一诗曰："斯文实有寄，天岂偶生才。一日凤鸟去，千秋梁木摧。烟留衰草恨，风造暮林哀。岂谓登临处，飘然独往来。"（《临川先生文集》卷十四）

王雱人生最后犯的致命错误曾经使王安石处于进退维谷的境地，他曾经非常生气，怨恨儿子居然干这种小人的勾当，但随着时间的冲洗，他的怨气早已经消尽。他渐渐原谅了儿子的错误。

仆人跟着王安石来这里不止一次了，看见主人脸上的泪痕，劝慰道："相公！您可要节哀顺变啊！"王安石点点头道："好好好！我知道。我们走吧！"

仆人拉着驴，王安石拄着藤藜的拐杖，向前面的定林寺走去。王安石的心情依旧没有从伤感中摆脱出来，心中有些纠结。他忽然转个念头，想起宝志大和尚《大乘赞》中的偈语来，便在心中默念："烦恼本来空寂，妄情递相缠绕。一切如影如响，不知何恶何好。有心取相为实，定知见性不了。"王安石仔细体会这几句偈语的精神实质，尤其是最后两句"有心取相为实，定知见性不了"，如果将世间的一切都看作真实的，那就是没有真正见性，没有真正体会到天地宇宙万物都是不断流转的，都是转瞬即逝的，都如同花开花落一样。如果真正理解这一点，烦恼自然会消减一大半。自己还是未能悟道啊！

暮色从四面向中间聚拢而来，就在黄昏将近，夜色渐渐深重的时候，王安石主仆二人拉着小毛驴进入了定林寺。

看门的小和尚认识王安石，热情招呼道："阿弥陀佛！王施主来了。请进！"并双手合十行了一礼。

"你们方丈在吧？"王安石问。

老方丈法号叫"无外"，正在寺院中的一棵古松下乘凉，听到王安石的声音立刻起身迎了出来，边走边高声说道："阿弥陀佛！贫僧在。欢迎王施主光临山门。施主这个时候来，恐怕还未用晚膳吧？请到斋堂用膳。"

王安石和这位被称作无外上人的方丈是老朋友，自然也就不客气，跟随他到斋堂吃饭。王安石是位很简单的人，很快便用完膳。

无外上人和王安石并排而行，他对王安石说："王施主！咱们马上去寮舍的客房，今天真是巧极、妙极，你还可以见到一个老朋友。我们俩刚才还谈论你呢，想不到你就来了。"

"谁？是哪位大师？"王安石迫不及待。

"哈哈哈，王施主总是急性子，见了面你就知道了。"

王安石加快了脚步，没走几步便进了寮舍里的客房，待王安石一见到无外上人说的那个人，果然大喜过望。

第二节　宝觉祖心大师

原来，无外上人说的客人是王安石交往几十年的老朋友宝觉祖心禅师。这是位名满禅林的高僧，曾经对王安石的人生道路产生过影响，也是王安石的知心朋友，这次他又带来令王安石震惊的消息。

王安石当年奉诏进京前，他正在镇江金山寺讲经，王安石专程拜访过他。他的话坚定了王安石进京以至于后来毅然变法的决心。王安石没有想到在自己的家门口再次遇到他。

说起这个人来，那真是名满天下，无人不知。而且他和王安石的交情绝非一般。

这位大师本名祖心，生于公元1025年，比王安石小四岁，南雄始兴（今广东始兴县）人，十九岁出家，法号为宝觉。经过多年修行参悟，先后得到衡山云峰文悦大师和黄檗慧南大师的指点，曾熟读《传灯录》，被慧南许为入室，成为黄龙宗的大师。后来慧南圆寂之后，他继任黄龙寺住持。法嗣有四十七人，而以黄龙悟心、灵源惟清为上首。后来日本的临济宗便是由宝觉弟子门人传入的，到今天依然是日本佛教很有影响的派别。

宝觉祖心大师主持的寺院是黄龙寺，黄龙寺在今江西南昌市。但他也经常云游四海，尤其到一些有高僧的著名寺庙交游讲学或者切磋佛法。王安石年轻时在京师便与其有交往，几十年来交往很深。

王安石在《赠宝觉》诗小序中说："予始与宝觉相识于京师，因与俱东。后以翰林学士召，会宿金山一昔。"（《王临川全集》卷三十六）记载的正是那次令王安石终生难忘的相会。

宝觉祖心禅师见是王安石，也非常高兴。急忙起身，双手合十，道："阿弥陀佛，不知国公驾到，有失远迎！人生真奇妙，缘分更难晓。没有想到今天在这里见到介甫兄。"

王安石急忙回礼道："阿弥陀佛！真的就是有缘分，我也没有想到在这里遇到大禅师。"

因为王安石也在这客房中下榻，无外上人安排一个小和尚去补一个挂单，即客人过夜的登记，再嘱咐这小和尚好生服侍，便先告退回房了。

王安石和宝觉祖心禅师开始了推心置腹的长谈。宝觉祖心禅师对王安石心中的郁闷逐一排解，并即兴吟诵一偈语道："乾坤无际两沉沉。休向其间论此心。隐显任从千种现。梦中形影莫追寻。"王安石反复吟味"隐显任从千种现。梦中形影莫追寻。"两句，感觉切中自己的心事。一切功过是非都转瞬即去，又何必在意？一切都如同梦境中的场景一样，不要再去追寻。王安石若有所思。

这时，宝觉祖心禅师又说话了："国公，你现在对于新法推行的是是非非并没有完全忘却，还有分别心。我再告诉你一个人、一件事。"

"谁？"

"王子纯，那可是你的爱将，你的好友。"

"王子纯？你说的是王韶？"

"对！就是他。那是个热血男儿，是曾经叱咤风云的大英雄，现在也看破红尘了。"

"怎么？大师和他有交往？"

王安石只知道王韶早就从边塞回到朝廷，听说到洪州去当刺史，其他情况就一无所知了。

这时，宝觉祖心禅师从他的百宝囊中拿出一册抄本来，翻到一页让王安石看，道："国公，您看看这个颂语就明白了。"

王安石一看，见上面写的是："答王枢密子淳入道。以颂见呈。了了了。雪里寻春月中晓。困来欹枕意度深。饥即饱餐滋味好。勿言欹饱便相于。古今同辙不同途。从来已是无羁束。大丈夫儿捋虎须。"

王安石当然看明白了，王韶皈依佛教了。王韶字子纯，有时也写作"子淳"，是枢密副使，故这里说"王枢密子淳"。王韶当年独自到边塞实地考察研究，上《平戎策》三篇，对于恢复河湟提出大胆的建议。那种神采飞扬，意气风发，挥斥方遒的英雄气概令人感动，曾经在刀光剑影中拼杀的勇士，如今却皈依佛门，其心情之颓唐该到了何等程度。想到这里，王安石长吁短叹道："想不到啊！想不到啊！热血男儿王子纯居然皈依佛门了！"

这时，宝觉祖心禅师将那个抄本翻到最后，指着几行字说："看看，这便是子纯的文字，还是很有悟性的。"

王安石仔细观看，原来是王韶为宝觉祖心禅师一次讲法语录写的后记。

看完这段文字，王安石长时间默然无语，眼中缓慢溢出两滴眼泪。

宝觉祖心禅师问道："介甫兄为何如此伤心？"

王安石声音很低沉，说道："看到王子纯写序的日子，我心里便非常难受。三年前的今天，吾儿王雱离我而去，天妒英才，如同敲碎了我的心。去年的今日，我的好友，热血男儿王子纯居然皈依佛门，也令我感到非常寒心。难道是上天弄人？孔子从来不谈论鬼神，但他从来也没有否定鬼神。我现在开始有些糊涂了。到底有没有鬼神？到底有没有六道轮回？"

宝觉祖心禅师双手合十，念了一声"阿弥陀佛"，接着劝解道："介甫兄本是大学问家，只不过是当事者迷罢了！一切都在有无之间。不起分别心，色即是空，空即是色。乾坤无际两沉沉。休向其间论此心。隐显任从千种现。梦中形影莫追寻。一切都如梦中景象，难以追寻，也不必追寻。至于六道轮回，追问到底是有还是没有，也都进入了分别心，人一有分别心，就是没有修行到家。尘世之间，一切都是过眼烟云，一切都在有无之间，如同水中月、镜中花，幻象而已！"

王安石默默颔首，不再说话，昏昏沉沉睡去。

宝觉祖心禅师见王安石睡着了。他依旧盘膝打坐，看着王安石疲惫的身躯，心中涌现出许多爱惜怜悯之意。

十多年前，这位学识渊博、执政经验丰富的中年男子曾经到金山寺征求自己的意见，是出仕还是隐居在家、开馆授徒。是自己的几句话说服他坚定地进入朝廷，走向执政的道路。这十多年来，他经历多少风风雨雨，受过多少委屈，变法大业虽然已经见效，但他遭受的诽谤和攻击实在太多了。一般人早就承受不了了。

宝觉祖心禅师想到王安石在第二次出山后曾经在龙华院遇到自己，并写下三首七绝表白心迹的情景。诗中已充满了对于官场的厌倦和向往隐居的情愫。因为回忆当初到金山寺和自己彻夜深谈的情景，诗中才说"忽忆东游已十年"，而在这十年中，王安石感觉只有当时京口的月亮和自己一直伴随着他，这是对我何等的期许啊！

嗨！宝觉祖心禅师看着自己面前的这位俗家朋友，这位积极入仕，对儒家"天行健，君子以自强不息"精神的坚定执行者，他为天下苍生，为国家朝廷，真可谓是呕心沥血了。但他又淡泊名利，从不谋私利。在朝廷执政时完全出于公心，不搞帮派，真是孔子"君子周而不比""君子群而不党"的实践者。天下人都公认王安石是"在朝不蓄势，在野不蓄钱"，这十个字可不是一般权贵所能做到的。但由于政治见解的不同，特别是反对变法的那帮人，依旧往王安石的头上泼了许多脏水。

大千世界，芸芸众生，斗转星移，云雾飞腾，宇宙如同一个无边无际的大转炉，陶冶着一切生命。一切都处在永无休止的运化之中。介甫兄啊！你太累了！好好休息休息吧！天下事未易了了，当以不了了之。你的心胸已经够大了，但还要再大一些。不必为那些小人的无端攻击而懊恼。

想到这里，宝觉祖心禅师也渐渐入定，进入无所有之乡，朦朦胧胧。

第三节　昭文斋

心情平静后的睡眠很深，王安石醒来一看，阳光已照到窗户上。由于夏日天长，而且定林寺在山腰，阳光上来得比较早。见对面床上宝觉祖心禅师尚未醒来，王安石便一个人轻轻下床，轻轻穿衣穿鞋，轻轻推门出去，来到定林寺的庭院。

这时，王安石才仔细欣赏周围的美景，只见溪流围绕着寺庙的屋舍，翠竹环绕着青山，溪流和青山都在白云缭绕的山腰之间。溪流旁边还放着小舟供游人游玩。溪流边的水鸟和山上随意开放的山花都在供人尽情欣赏。当人的心情完全融入大自然景致的时候，才会感觉心旷神怡，宠辱皆忘。这时王安石忽然感觉到王维"兴来每独往，胜事空自知"的意蕴来，连连颔首道："王摩诘真是至人，竟能将如此精微的感受表现出来。'高人王右丞'，难怪杜子美如此敬重他。"

王安石一边自言自语，一边不觉也吟出一首《定林所居》

来："屋绕湾溪竹绕山，溪山却在白云间。临溪放杖依山坐，溪鸟山花共我闲。"（《临川先生文集》卷三十）

王安石的性格就是专心致志时一切都会忘记，他刚刚吟诵完这首七绝，就从身后传来笑声，原来是宝觉祖心禅师和无外上人都来到他的身后，见他陶醉于这里的美景便没有打扰他。听完他的吟诵，二人哈哈大笑。"好诗！好诗！介甫兄真是出口成章啊！"无外上人接着说，"等闲暇时介甫兄将其书写出来，也给敝寺增辉。"

三个人一起来到斋堂用早膳，无外上人叫过住持，吩咐道："今天上午的讲经就取消了。安排众僧人自己学习诵经。"

王安石明白，这是因为无外上人要陪伴自己和宝觉祖心禅师的缘故，内心很是感激。饭后，无外上人带领王安石来到寺院的昭文斋参观浏览藏书。所谓的昭文斋便相当于定林院的图书馆，不过收藏的主要是佛经，还有一些儒家经典和道家经典。儒家的五经、《论语》《孟子》，道家的《道德经》《南华真经》等，这里都有，而且都是非常好的版本。就连王安石主持编撰的《三经新义》这里也有一套，崭新的封套，上等的印刷，很漂亮。

三人谈天说地，讨论佛经的教义，很快便要过午。寺院里一般都吃两顿饭，中午吃些点心垫补一下，下午再吃晚膳。

三人再到昭文斋里继续畅聊。因为讨论得有些高兴，王安石感觉自己的许多心病今天全都消逝了，儿子王雱去世的哀伤，王韶遁入空门的悲伤，自己遭受许多莫名其妙诬蔑的感伤，似乎都远离自己而去。心中没有了郁闷，于是要喝酒解除一下近来的晦气，也舒畅一下长久抑郁的情怀，便提笔蘸墨，笔走龙蛇，写一首诗道："定林斋后鸣禽散，只有提壶守屋檐。苦劝道人沽美酒，不应无意引陶潜。"（《定林院昭文斋》卷四十三）

无外上人一见，便笑着对宝觉祖心禅师道："介甫要饮佳酿，我们俩也要奉陪啊！"宝觉祖心禅师双手合十，道了一声："阿弥陀佛！介甫是方外之人，你是主人，当然应该奉陪。老衲就以茶代酒，不破戒了！"无外上人立即安排人去山下沽酒。

月亮东升，银色的月辉洒满大地。三个人饮酒品茶完毕，出来欣赏这美丽的月色。山中太静了。几只燕子在林间穿梭飞行，钻来钻去。银灰色的月光从山那边均匀地洒过来。王安石被这梦幻般的景致所感染，于是作了一首诗，题目就叫《宿定林示无外》："天女穿林至，姮娥度陇来。欲归今晼晚，相值且徘徊。谁谓我忘老，如闻虫造哀。邻衾亦不寐，共尽白云杯。"（《临川先生文集》卷十四）

无外上人哈哈大笑道："好，好！就是这种景色。宝觉禅师也有诗吧？"

宝觉祖心禅师说："不敢献丑。我的诗才和介甫兄可是天壤之别。我只好将以前做的偈语献上一首来，姑且搪塞吧！"

王安石知道宝觉禅师的诗才，静静听。无外上人又是一阵爽朗笑声，道："洗耳恭听！"

宝觉祖心禅师清了一下嗓子，一字一句地吟诵道："不住唐朝寺。闲为宋地僧。生涯三事衲。故旧一枝藤。乞食随缘去。逢山任意登。相逢莫相笑。不是岭南能。"

月亮已经上来了。王安石提议道："我看昭文斋外面的房间很宽敞，可以放两张床，今晚我和宝觉禅师就住在这里吧！看书方便。以后老朽有暇就来这里休息读书，不知无外大师是否同意？"

"好主意！就这样定了。一会儿老衲就安排。"

正是因为王安石的这个提议，才有了几年后来这里的当世书法大师米芾亲自为王安石居住的这间书斋题写匾额，也招来当世最著名的人物画家李公麟前来为王安石画肖像。这都是后话，后面我们还要写到。

第二天王安石和宝觉祖心禅师便都离开了这里。

无外上人送王安石和宝觉祖心禅师到了山门。王安石道："不必再送了。无外大师昨天已经停止讲经一天了。深情厚谊令老朽感动。我已经写下二诗表示感谢，就在昭文斋的书案上。一会儿上人可以去看。算是一个纪念吧！"

无外上人一听，喜出望外，道："老衲一定好好保存，作为我们寺院的宝贝。你如此一说，我还真不送了，立即回去观赏。"

第四节　俞秀老兄弟

从定林寺回到家里，夫人的病也有了起色，可以起来到外面走一走了。见王安石回来后气色比以前强多了，吴夫人心情大好。

这天上午巳时，半山园里一片清和景象。正值六月，菜畦里时蔬正丰盛。王安石和吴夫人亲自到菜园子里去摘黄瓜和豆角。

黄瓜挑嫩一点的、顶花带刺的，摘下来直接就吃，那种清脆微甜的口感真是美不胜言。豆角则需要弯腰去摘，王安石弯腰有点不便，故只有吴夫人自己摘。菜园子里的空气清爽，瓜果的芬芳十分醉人。

夫妻二人正在享受这田园之美的时候，从前面传来歌声。声音高亢悠扬，歌词更是高洁优雅，王安石侧耳倾听："钓鱼船上谢三郎，双鬓已苍苍。蓑衣未必清贵，不肯换金章。汀草畔，浦花旁，静鸣榔。自来好个，渔父家风，一片潇湘。"（《全宋词》第一册）

声音由远及近，人也看得清楚了。只见此人高挑的身材，面目清秀，头戴斗笠，身穿鹤氅，宽袍大袖，手拿一把大蒲扇，一边走一边摇。那种潇洒出尘的神态真如同闲云野鹤，无拘无束。

王安石马上就知道这位散仙似的人物是谁，对夫人说："这就是我跟你说过的闲云野鹤似的俞秀老，他是来咱们家的。我先和他一首，算是见面礼。"于是朗声吟道："练巾藜杖白云间，有兴即跻攀。追思往昔如梦，华毂也曾丹。尘自扰，性长闲，更无还。达如周召，穷似丘轲，只个山川。"（《诉衷情》选自《临川先生文集》卷三十七）

那人已经站在柴门的门口，仔细听王安石吟诵的《诉衷情》。听罢，也不打招呼，也不用人领，径直走进院子来。

王安石和夫人也从菜园子里走出来，迎上前去，吴夫人胳膊上挎着菜篮子，里面有刚刚摘下来的黄瓜和豆角。王安石向那位不速之客打招呼道："这位兄弟当是金华的俞秀老吧？欢迎！"

"在下正是山野村夫俞紫芝，您就是大名鼎鼎的舒国公王介甫吧？渴慕已久，今特来拜访。国公是怎么判断出鄙人是俞紫芝的？"

"你的《诉衷情》在这一带流传甚广，渔父农夫几乎都会唱。你刚才唱的那阕词不就是自报家门？"

王安石从夫人挎着的菜篮子里拿出两根嫩黄瓜，递给来人一根，自己拿一根，说道："欢迎欢迎，请进寒舍一叙！天气很热，秀老一定走渴了。先吃根嫩黄瓜！"

王安石自己先吃起来，俞秀老也不推辞，一边吃黄瓜一边随着王安石往屋里走。二人进了客厅。

这位俞秀老，是一位奇人。黄庭坚在《书元真子渔父赠俞秀老》中说："金华俞秀老，物外人也。尝作唱道歌十章，极言万事如浮云，世间膏火煎熬可厌，语意高胜。荆公乐之，每使人歌。秀老又有与荆公往反游戏歌曲，皆可传。长干白下舟人芦子，或能记忆也。"他的弟弟俞清老和黄庭坚是同学，黄庭坚比王安石小二十四岁，故这位俞秀老比王安石小二十岁左右，彼时已经四十多岁，单身不娶，也不置办家业，喜欢作诗，但很少有人知道他。他的《旅中寓怀》写："白浪红尘二十春，就中奔走费光阴。有时俗事不称意，家在碧溪烟树深。"写出了对于尘世的厌倦和对于自然的向往。王安石早就读过他的一些诗，很喜欢其中幽静高雅的情怀和意境，对于他传唱于众人之口的几首《诉衷情》词，王安石更是随口就能吟唱。因此一听那首《阮郎归》，便知道是这位神仙似的人物来了。而这完全是王安石意料中的事。

王安石的客厅和书房合二为一，所谓的客厅也非常简陋，两张胡床，中间一张竹子做成的茶几，上面是简朴的茶具。两张胡床的旁边各放一个圆凳。窗户下面便是一个较大的书案，上面摆放着许多书卷。里面是一大排书架，上面都是用书套装着的各种书籍。

223

仆人端上刚刚沏好的新茶，茶香满屋。二人的话题很宽泛，但主要谈论什么是人生真正的幸福。只要一提及隐居的话题，中国文人便最容易把陶渊明拉进来。俞秀老道："'山气日夕佳，飞鸟相与还。此中有真意，欲辨已忘言。'五柳先生这里的'真意'便有无穷意蕴。而他老先生却不道出真意是什么，让你有无限的想象空间。妙极！妙极！"

王安石道："这种真意，可以用诗来表现。老朽这便把诗写出来。请俞处士过目，也请不吝赐教。"说罢，他起身离开胡床到书案前，砚台中还有一些墨，用毛笔稍微调一点水，反复探探笔，铺开一张加料生宣纸，笔走龙蛇，用行书兼小草写下一首七绝《示俞处士》："鲁山眉宇人不见，只有歌辞来向东。借问楼前踏于芳，何如云卧唱松风。"（《临川先生文集》卷二十九）

俞秀老看着王安石写完，眯缝着眼睛轻声念叨着后两句，慢条斯理地说："'借问楼前踏于芳，何如云卧唱松风'在对比反跌中写出一种潇洒出尘的精神，这正是我要的生活。前面的铺垫很精妙，即使像元德秀那样清廉勤政、清静无为的好官，也要被迫在百花楼前演唱《于芳》踏歌，怎么比得上我们卧听松涛的清静呢？"

王安石此诗是运用典故来赞美俞秀老的生活状态，同时也是对自己隐居生活的充分肯定。确实如俞秀老分析的那样，王安石诗中的"鲁山"是指唐代有名的官员元德秀。

据《新唐书·元德秀传》记载，一次，唐玄宗驾临东都洛阳，在五凤楼召集群臣宴饮。为助酒兴，便传令附近三百里内的各县县令、刺史，带着艺伎乐人来五凤楼参加文艺表演。又有人说，皇帝将根据演出的优劣评定名次，给予赏罚。许多地方官便挖空心思讨皇帝的欢心。

河内太守表现得最为出色，他带来一个庞大的车队，几百名浓妆艳抹的演员坐了满满几十车。这些美女个个衣着锦绣、满身珠翠，就连拉车的牛马也都装扮成犀牛、大象。整个表演奇丽诡异、光彩夺目。鲁山县令元德秀恰恰相反。他轻车简从，只带几十名民间乐工。他亲自弹琴伴奏，乐工联手唱了一首《于芳于》。

《于芳于》这首歌，是县令元德秀自己作词谱曲，反映了当地百姓的淳朴美德和艰辛的生活状态。玄宗听了，非常惊异，赞道："这才是贤人所应该说的话呀！"

玄宗热情称赞元德秀，又对众臣道："河内人民一定遭殃了吧？"

王安石的这首诗，前三句都说元德秀，最后用"何如云卧唱松风"一句赞美无拘无束的隐士生活的高洁出尘。而俞秀老能够理解得如此透彻，也可以看出其学问的渊博。因为这个典故虽然不生僻，但也不是寻常百姓都知道的。

仆人来请二人用午餐，全是自己家的蔬菜，极其清新，鲜味满屋。俞秀老一点也不客气，仿佛是在自己家一样。越是这样，王安石越开心，因为这是实诚人。

饭后，王安石约客人到外面散散步，随便看看周围的环境和风景。二人从西面的小门出来，向西北的方向信步而行。没有预定的目的，二人聊着天，沿着一条田间可以走牛车的道路一边走一边观赏田园风光。

我们也把二人眼中的景象描摹一下。王安石的半山园在今天南京市的白下一带，是今天东南大学校园（即当年南唐故宫，宋代为江宁府衙门）往钟山去的途中一半的地方。当时那里还很萧条，周围稀稀落落有几处民居。在通往钟山的方向上地势越来越高，山岭起伏绵延，远处的小村庄在绿荫中依稀可见。偶尔可以听到正在侍弄庄稼的农夫的欢声笑语，到处是喜庆祥和的图景。往西面通往钟山的一个山腰处，一座寺庙的佛塔插向碧空，殿堂隐约在山洼里。

王安石指着远处山腰上的寺院说："那里便是定林寺，里面有昭文斋，我前几天还去住了两个晚上，和那里的方丈无外上人以及云游至此的宝觉祖心禅师进行了长谈，真是茅塞顿开啊！以后有机会咱们俩一起再去。"

"我是无拘无束之人，愿意云游，一切都看机缘。国公这里真是好去处啊！一片丰收的景象。这里的百姓生活很悠闲，这都是新法的功德。国公功高日月，造福天下苍生，这也正是山野之人敬佩您的原因啊！对于那些表面道貌岸然，暗地里蝇营狗苟的庸官俗吏，我也像当年的阮步兵那样，从来不拿正眼瞧他们。"

王安石道："人生各有所好，不可强求。我们就不谈他们了，还是尽情享受我们现在的清静之福吧！如此良辰美景，又有朋友相伴，不可无诗。"

"哈哈哈，好啊！看来国公是胸有成竹了！山野村夫洗耳恭听！"

"不敢！此诗就叫作《示俞秀老》：缭绕山如涌翠波，人家一半在烟萝。时丰笑语春声早，地僻追寻野兴多。窣堵朱甍开北向，招提素脊隐西阿。暮年要与君携手，处处相烦作好歌。"（《临川先生文集》卷二十九）

"'暮年要与君携手，处处相烦作好歌'，惭愧惭愧，国公功在社稷，闻名遐迩，居然要和一个山野村夫携手，真是受宠若惊啊！"俞秀老并不完全是谦虚。

看看太阳西斜，二人也不知走出多远，便又拐上另外一条小路往回走。

回去晚饭后，王安石安排俞秀老就住在书房里。二人晚上又进行一番畅谈。王安石挽留俞秀老多住几天，说明天如果天好就去看一位朋友。

次日又是个晴天，朝霞满天的时候，王安石到书房来看看客人休息如何，俞秀老却不见了。王安石有些纳闷，自己一生遇到的怪人多了，什么类型的都有，但也没有这样的。他一看书案上压着一张纸条，上面写着："谢国公招待，山野之人散漫成性，请恕不辞而别。俞秀老。"字迹遒劲，非篆非隶，非草非行。

　　王安石看罢，心中暗笑，难怪世间传说俞秀老兄弟两人是神龙见首不见尾的人物，难以捉摸。如今也不说什么原因，也不告诉往哪里去，就这么说走就走了。王安石摇摇头，忽然觉得应该作首诗将今天的事记下来，于是作诗《俞秀老忽然不见》："忽去飘然游冶盘，共疑枝策在梁端。禅心暂起何妨寂，道骨虽清不畏寒。"（《临川先生文集》卷二十八）诗歌的一个重要功能就是记录人生经历的一些细节，如果没有王安石的这首诗，我们便无法知道俞秀老的这些有趣的故事。我经常品味王安石《示俞秀老二首》诗，感觉到一片真情，而王安石对于俞秀老人品诗品的器重也充满了字里行间。

　　第一首说："不见故人天际舟，小亭残日更回头。缲成白雪三千丈，细草孤云一片愁。"诗人在半山亭等待俞秀老的小船前来，已经夕阳西下还在回头望，简直要愁得白发三千丈了，就连纤细的青草和天上的孤云仿佛都在忧愁。

　　第二首说："君诗何以解人愁，初日红蕖碧水流。未怕元刘妨独步，每思陶谢与同游。"（《临川先生文集》卷二十九）您的诗歌为什么可以解愁？因为诗风清新美妙，如同红日映照红色的荷花在碧绿的水流中一样。我并不像白居易那样怕元稹和刘禹锡妨碍了他在诗坛的独步，经常想像杜甫那样，希望和陶渊明、谢灵运一同唱和交游。

　　中唐时，白居易和元稹是诗友，元稹死后，他又和刘禹锡成为诗友。白居易曾经调侃元稹说：我和你为诗友，是幸运也是不幸。幸运是吟咏性情，播扬名声，非常快乐；不幸的是江南士女语才子者，多数都说元、白，就因为你的缘故，使我不得独步诗坛。后来他垂老又遇到刘禹锡，不又是一重不幸吗？这显然是笑谈。王安石说，我不怕元稹和刘禹锡妨碍我独步诗坛。杜甫诗说："安得思如陶谢手，令渠述作与同游。"王安石这里活用典故，味道很足。

俞秀老的弟弟叫俞清老，和他哥哥一样也是个闲云野鹤似的人物，正史中看不到他的身影，在宋人的笔记小说中他却频频出现，而且是位很活跃的人物。他和黄庭坚曾经是同学，二人都很聪明，关系也非常亲密。但这位俞清老对于科举和仕途没有兴趣，终日写诗填词，喝酒唱歌，潇洒悠闲。

俞清老听哥哥俞秀老盛赞王安石的学问和修养，便也来拜访王安石。王安石当时见其性情淡泊而且学问渊博，非常适合在佛教中教化众生。元丰七年王安石大病一场后，将半山园施舍为寺庙，便想请他来做住持。俞清老满口答应，但需要一定的经费，王安石便付给他一定数量的金钱，让他剃度为僧，经营半山寺，并给他起个法号叫作"紫琳"。

俞清老按照程序剃度出家，穿上袈裟，可是俞清老一走就是一个多月，根本就不管理半山寺，更没有对半山寺进行一点修缮和建造。

回来后，王安石问："紫琳，怎么还不修缮建造报宁寺？"俞清老两手一扎煞，道："没有钱了。"王安石问："我给你的钱呢？""不好意思，都让我偿还酒债了。"

王安石笑笑道："好吧！再给你一些。"俞清老这次不好意思不努力工作了。但王安石去世后，他还是受不了寺院生活的清苦，还俗当闲云野鹤去了。

黄庭坚在《书赠俞清老》中说："清老，金华俞子中也。三十年前与余共学于淮南。元丰甲子相见于广陵，自云荆公欲使之脱缝掖，著僧伽黎，奉香火于半山宅寺，所谓报宁禅院者也。予之僧名曰紫琳，字清老。清老无妻子之累，去作半山道人，不废入俗谈谐，优游以卒岁，似不为难事。然生龟脱筒，亦难堪忍。后数年见之，儒冠自若也。因戏和清老诗云。"其诗《戏答俞清老道人寒夜三首》，其中说："索索叶自雨，月寒遥夜阑。马嘶车铎鸣，群动不遑安。有人梦超俗，去发脱儒冠。平明视清镜，政尔良独难。"苏轼特别欣赏这首诗，曾"屡哦此诗，以为妙也"。俞清老和当时许多名士都有交往，如孙觉、黄庭坚、王安石、苏轼。李之仪曾在为其所作画赞中写道："说着便知姓名，见者谁不欢喜。"能够达到这种程度，也不是一般凡夫俗子所能做到的。

第五节　湖阴先生

王安石昨天与俞秀老约定要去看一位朋友，没有明说是谁，但俞秀老不辞而别，他便只好一个人去了。这是王安石晚年非常投缘的朋友，一段时间不见便有点想念。此人叫杨德逢，又名骥德，号湖阴先生，家住江宁府上元县城东北角，有几十垧好地，家产不算太大，但也很殷实，因没有功名，也没有官员身份，就是一个白衣地主。但他与一般的地主不同，他喜欢看书，喜欢清谈，尊重知识，尊重文化，为人也很仁义宽厚，在这一带很有声望。他特别好交往士人，算是很有文化品位的人，所以他和很多文化人都有交往。

十几里的路程，王安石带着一个仆人，骑驴前去。杨德逢正好在家，见老朋友前来，非常高兴，急忙安排家人做午饭，自己则和王安石在厅里品茶聊天。

一进杨德逢的宅院，王安石便立即觉得心情特别舒畅，宅院不算太大，院墙也不高，院子里非常整洁干净，地面上连片树叶都没有，两侧分品种栽种着各种花草。那种氛围和境界，多少有点神仙的意味，让人觉得神清气爽，心旷神怡。

稍微休息一会，王安石提出到外面田地里看看。杨德逢便领着王安石到自己的田间去。出了庭院，往前面看，是一大片稻田，水稻长势旺盛，稻苗都已经遮住了田地，一阵微风吹过，稻苗随风产生微微的绿色波纹。王安石立即想到陶渊明"平畴交远风，良苗亦怀新"的诗句，只有看到这种景色，才能体会出这种自然描写的神韵。

举目望去，在这大片稻田的周围，是一圈水渠，水渠既是保护水田的，又是水田的供水渠道。水渠环绕着绿油油的稻田，两面是青山掩映，很是和谐舒畅，确实比任何美妙的图画都美丽。青山绿水，田野庄园，陶渊明笔下的桃花源中的淳朴景色，也不过如此而已。王安石陶醉在这宜人的景色中。

这时，杨德逢的孙子跑来叫爷爷和客人回去吃饭。王安石这才从陶醉的状态下醒悟过来，午时已经到了。于是二人回去就餐。

酒足饭饱后，王安石在客房美美地睡了一大觉。最近几天来，王安石真正过了几天清静无为的生活。在定林寺的两天，先后和宝觉祖心禅师、无外上人进行了关于人生与天道的讨论，自己虽然对于功名荣辱早已置之度外，然而是非心依然很重，关怀国计民生的心事始终不能释怀。通过那次讨论，他已经放下很多了。俞秀老的突然来访，也给自己的心里平添许多愉快。其实人生最大的幸福是心无挂碍，什么闹心的事也没有，万事不关心，睡眠自然好。

王安石从深沉的睡梦里渐渐苏醒，窗外传来几声清脆婉转的黄鹂鸟的叫声，那声音由模糊逐渐清晰，由小逐渐变大，由梦境向现实转换，最后才完全听清是鸟的歌唱。王安石醒来，就在朦胧之际，意识模模糊糊的，还以为在自己家呢，待睁开眼睛看看，环境有点陌生，怎么不是自己的家？晃晃头，才完全清醒，想起这里是湖阴先生家的客房。自己暗暗想道：人生真是奇妙，无论在哪儿，心里踏实轻松便有家的感觉。

王安石起来，稍微活动活动四肢，感觉很舒服。他见客房的几案上有现成的文房四宝，便提笔蘸墨，在粉白的墙壁上书写两首七绝《书湖阴先生壁》：

　　　茅檐长扫净无苔，花木成畦手自栽。一水护田将绿绕，两山排闼送青来。

　　桑条索漠東花繁，风敛余香暗度垣。黄鸟数声残午梦，尚疑身属半山园。（《王临川全集》卷二十九）

　　小诗写出了杨德逢生活环境的清幽高雅，衬托出主人精神境界的超凡脱俗。前诗的后两句以古语写新意，对仗巧妙，是古今盛传的名句。后一首写自己刚才睡梦初醒的境界，意境与孟浩然的《春晓》有相通之处。

　　王安石和杨德逢交往很亲密，在以后的岁月中二人交往更加频繁。二人随时可以到对方家中去，时间一长不见面，便都有些想念。

　　从王安石的住宅往杨德逢家去，途中有一座石头桥。有时，王安石闲暇无聊，就到杨德逢家中去聊天。

　　春末夏初的一天，天气晴朗，和风习习。午饭时王安石喝了些许好酒，酒后便躺下午睡。俗语说："春困秋乏夏打盹"，春天的午睡是最香甜的。传说当年刘备第三次去访求诸葛亮时，也是在春天，诸葛亮也正在睡午觉，由于睡得太香，害得刘备带着两个结义的兄弟等了好长时间，张飞耐不住性子，险些去放火烧房子。诸葛亮醒来，还即兴作了一首"草堂春睡足"的诗，留下千古佳话。

　　王安石的这一觉睡得也特别香甜，待醒来一看，太阳转过正南方，开始向西偏斜。王安石忽有所感，想去和杨德逢交流一下，马上起床，穿好单布衫，戴上矮檐短帽，独自一人信步走出院来，溜溜达达，走过石头桥，兴趣盎然。

　　忽然，不知不觉间，先前的那个想法不知怎么忽然又不见了，想要说什么也记不起来，觉得与杨德逢似乎又没有什么可谈的了，便转过身，再溜溜达达地走回来。

这时，王安石自己也不禁哑然失笑，自言自语道："乘兴出院过石桥，兴尽即返何寂寥。当年子猷大雪夜，小舟独访戴安道。我今天不也和当年的王子猷一样吗？人之相逢相识相知，真是不可捉摸。一半由于人缘，一半由于天缘。有缘即来，无缘即去。有兴辄往，无兴即返。任性自然，才是大自在。"

正在想着，忽然从深绿的树叶中传来两三声黄鹂鸟清脆婉转的叫声，打破了王安石的沉思。他又哑然一笑，举头一看，一个弯弯的小月牙开始出现在晴朗的东方，好像挂在树梢上。

这情境太令人心旷神怡了，恐怕这才是人生幸福的真谛。王安石的脑中忽然出现几句美妙的词句，他又稍加润色和斟酌，作成了一首《菩萨蛮》词，词曰：

> 数家茅屋闲临水，单衫短帽垂杨里。今日是何朝，看予度石桥。　梢梢新月偃，午醉醒来晚。何物最关情，黄鹂两三声。

作完，自己默诵两遍，觉得很满意，微笑着轻轻地点了几下头。

第一节　两位大师

"德不孤，必有邻"，这是孔老夫子的名言，仔细思考，确实是千古不替的真理。真正的道德一定会受到尊重，即使当代没有，后世依然会有敬仰者。王安石当年便闻名遐迩，声望弥天，由于道德高尚而引来许多大名士。元丰六年（1083年）初夏季节，百花盛开，百鸟争鸣，是一年中最宜人的季节。

连续三天的大晴天，王安石心情大好，便辞别夫人到定林寺中的昭文斋清静两天，一边读书一边和无外上人谈论佛法，创作诗词，甚是惬意。

这天刚刚用过午斋回到昭文斋，一小和尚引来两位客人。王安石一见，其中一人认识，是大画家李公麟，另外一位身材修长，面目清秀，眼神深邃，一看就知道不是凡夫俗子。王安石喜出望外，不等询问，李公麟主动向王安石介绍道："国公大人，久违了！这位是襄阳米芾米元章，久闻国公大名，特意来访。我们俩也是不期而遇，适才从潭府半山园而来。"

一听米元章的名字，王安石非常兴奋，连连道："米元章大名早就如雷贯耳，想不到今日相见，幸甚！幸甚！"王安石见一般人是不会用这种语气的。

这里将李公麟和米芾这两位客人也介绍一下。李公麟，字伯时，号龙眠居士，庐江郡舒州人。他出身名门大族，家藏古器名画甚多，有这种便利条件，本人又聪明勤奋，故知识渊博，好古善鉴，多识奇字。他对于夏商以来钟鼎尊彝，皆能考订世次、辨别款识，且长于诗文，行楷书有晋人风。他与王安石、苏轼、米芾、黄庭坚均为至交，系驸马王诜之座上客，所交都是大名士。晚年隐居龙眠山，号龙眠居士。一生勤奋，作画无数，人物、故事、山水、走兽、花鸟无所不能，无所不精。他比王安石小二十八岁，熙宁三年进士及第，当时王安石正在位，故二人早就相识。李公麟是当天到半山园拜访王安石，遇到也到半山园拜访王安石的米芾，二人是不期而遇。

米芾初名黻，后改芾，字元章，号襄阳居士、海岳山人等。他祖籍太原，后迁居湖北襄阳，长期居住在润州。米芾的五世祖是宋初勋臣米信，其先人多是职务较高的武将，其母亲阎氏，曾进宫服侍过宋英宗赵曙的皇后高氏，这位高氏便是神宗死后主持朝政的高太后。故米芾的母亲是见过大世面的。

米芾比王安石小三十岁，当时已是名满天下的大书法家。后世将"苏黄米蔡"并称为北宋四大书法家，米芾年龄最小。他比黄庭坚还要小六岁。米芾曾任校书郎、书画博士、礼部员外郎。此人善诗，工书法，篆、隶、楷、行、草等各种书体皆工。长于临摹古人书法，几乎达到乱真之程度。初师欧阳询、柳公权，字体紧结，笔画挺拔劲健，后转师王羲之、王献之，体势展拓，笔致浑厚爽劲。米芾应刘希道之邀出任金陵从事之职，还没有到任刘希道已调职，于是便到半山园来拜访仰慕已久的荆国公。

同时见到两位大名士，一位是大画家，一位是大书法家，王安石非常高兴。无外上人闻听也过来见礼。小和尚上来好茶，几人一边品茗一边畅谈。王安石和李公麟是熟人，自然要先和米芾攀谈。

米芾告诉王安石，蔡天启在他面前不知赞美荆国公多少次，他仰慕已久，此次得以见面，总算了了一份心愿。王安石则盛赞米芾的书法，称其天工独步、神韵超然。米芾道："国公的书法也很有根基。"王安石一愣，道："怎么说？老夫就是随笔书写，哪里有什么根基？"

米芾道："敝人先时到潭府，在书斋中看到几案上有几张国公写的行书。鄙人仔细看国公的笔体，其中颇有杨凝式的风神和骨架，想必国公很喜欢杨疯子的书法吧？"

王安石稍微有点惊讶，因为从来没有人看出他书法的来历。确实如此，王安石喜欢杨凝式的字，而且见过许多真迹。他连连说道："元章好眼力，确实是眼光敏锐，老朽当年确实喜欢杨凝式的书法，每见真迹必反复揣摩之。少年时曾经临摹过他的帖。

但从来没有人能够看出来。元章确实得书家三昧矣！"

米元章所说的杨疯子是中国书法史上的重量级人物杨凝式。杨凝式字景度，号虚白，华阴人，生于唐懿宗咸通十四年（873年），是晚唐五代时期最著名的书法家。此人进士出身，富有文藻，并工颠草，很有智慧。历经五代，始终在官场，但总是装疯卖傻，能够在极其险恶的政治环境中躲过多次灾难。他一到寺庙，便会受到很好的招待，待酒酣之时，便提笔挥洒，因此洛川寺观蓝墙粉壁之上，题记殆遍。其他大的寺庙也多有他的笔迹。他在宋代建立前不久才去世，因此北宋时期，他的书法真迹在许多大寺庙中都有保存，北宋学人很容易欣赏到他的书法。杨凝式在书法界历来被视为承唐启宋的重要人物，"宋四家"都深受其影响。

李公麟和无外上人也跟着赞叹。无外上人是这里的主人，见这么多当代高人聚会在此，非常兴奋，拍着圆圆的亮脑门道："荆国公、大画家、大书法家齐聚敝寺，令敝寺无上荣光，无上荣光。大家不能白来，今晚老衲素斋请客。但二位要留下墨迹。"

王安石当然赞成。李公麟道："即使方丈不提议，我也要为有大功于天下社稷的荆国公画一张肖像。能够给国公大人画像，也不是容易的事。"

米芾则说："我就为这'昭文斋'题写一个匾额吧！"

文房四宝本来是现成的。二人各展技巧，米芾写三个字一挥而就，生动而有神韵。李公麟则铺开上等宣纸，先蘸墨刻画面部，尤其是勾画眉眼之时，细笔如丝，墨色浓淡有致，待面部刻画完毕，勾画冠饰和衣服时，则笔势灵动潇洒。很快，一幅惟妙惟肖的王安石白描肖像画便展现在大家的面前。无外上人高兴得合不拢嘴，道："活脱脱的荆国公！本寺装裱后就挂在这面墙上，将是无上的荣光。米大师的'昭文斋'三个字刻匾烫金，就挂在门上。"

无外上人接着道："今天大画家和大书法家都留下墨宝了。国公是当代闻名遐迩的大诗人，也不能无诗啊！也请赋诗一首，以襄盛事！"

李公麟和米芾也道："上人提议非常及时，我们也拭目以待。"

王安石本来满心欢喜，立即展指提笔，道："献丑了！"于是挥挥洒洒写下五绝一首道："我自山中客，何缘有此名。当缘琴不鼓，人见有亏成。"（《临川先生文集》卷二十六）众人喝彩声未断，只见王安石在后面写上诗题"昭文斋"三个字，停顿一下，在后面又注曰："米芾题余定林所居，因作。"这样才算是完整了。

王安石这首诗可太有学问了，《庄子·齐物论》中记载一个叫作"昭文"的人善于弹琴。庄子认为，是人们有了分别心，对于宇宙天籁的声音进行区分，有了音调的高低和节奏的快慢，这样才有了曲调。最高妙的音乐是天籁，而天籁是浑然不分曲调的。王安石首句谦虚，意思是我本来就是山中平常的隐居的客人，怎么会有"昭文"这样的名。本来应该遵循天籁而不去弹琴，其实我执政变法也是遵循天道，因为人们见解不同才有是非之区别。

最早注释王安石诗歌的南宋学者李壁曾经到过昭文斋，当时李公麟绘画的王安石肖像和米芾题写的匾额都在，旁边还有杨次公的赞语。这位杨次公也是王安石时代的名人，佛学水平很高，可惜无法知道他赞语的内容，那一定是超凡出尘的精妙语言。王安石曾经为自己的这张画像题写过一首充满哲理的小诗曰："此物非他物，今吾即故吾。今吾如可状，此物若为摹。"（《传神自赞》选自《临川先生文集》卷二十六）还有一首《真赞》："我与丹青两幻身，世间流转会成尘。但知此物非他物，莫问今人犹昔人。"王安石死后十几年，李公麟又给苏东坡画过像，苏东坡写的赞语更形象生动，《自题金山画像》："心似已灰之木，身如不系之舟。问汝平生功业，黄州惠州儋州。"

第二节　难了的情结

送走米芾和李公麟，王安石回到半山园。转眼来到秋末，王安石心情无端有些郁闷。有时站在自己家的院子里不由自主地担心起朝廷来。但朝廷里的情形究竟如何，自己并不知晓。

有时，心情不好，他便拄着藤藜的拐杖到宅院外面顺着水渠走一圈，走乏了回家便躺床上眯一觉，结果梦境中还出现当年执政时的一些情景，是是非非，乱七八糟，剪不断，理还乱。

王安石执政近十年，亲自导演一场极其深刻、极其全面的变法运动，仿佛是一名高级设计师设计了一座庞大精美的建筑，建筑已经依照当初的设计进行过艰苦的施工而接近完成，只需要进一步装修完善并好好保护之。设计师和总工程师对于自己完成的这座巨大精美的建筑怎么能够忘怀？何况这是关系国家命运和百姓苦乐的大事！王安石对于新法的效果和作用是不可能完全忘却的。

王安石退居半山园后，经常来看望他关心他的学生兼下级最主要的有二人，一位是立场坚定的吕嘉问，另一位就是叶致远。

这天，叶致远来访。王安石让他尽量把他所知道的朝廷政局以及国家大事陈述一下。王安石早就听说过朝廷和西夏开战的事，但对大致的经过和结局并不完全知晓。

叶致远也是位颇具个性的人物。他本名叶涛，字致远，浙江龙泉东乡人，自幼聪明好学，博览群书，知识渊博，才思敏捷。熙宁六年进士及第，神宗在廷试时见其文采风流，很是喜欢，在屏风上书"文章叶涛"，授国子直讲。王安石、苏东坡和他关系都很密切。后来叶致远娶王安石弟弟王安国的女儿为妻，便称王安石为伯丈。（参见《龙泉古文献选编》）这种双重的关系，加上人格上的相互理解，使二人成为终生莫逆。

王安石刚刚建成半山园的时候，叶致远刚好在江宁府做官，于是经常来王安石家做客聊天，有时还要摆上棋盘对弈一番。叶致远酷爱黑白子，王安石没有心思下功夫琢磨黑白子，但也能下几招，什么"双飞""挂角"之类的初级术语也明白。因此闲暇时偶尔也与人较量一番，但多数是输，输了就得给对方写一首诗。

叶致远这次来，主客二人的心境都大不如从前，这与国家的形势和朝廷的现状都有关系。叶致远详细陈述了自己所知道的情况。

叶致远告诉王安石，朝廷最近三年主要是在经营西北和南方两处边境。南方没有大碍，基本态势是朝廷方面占有优势，而且基本平静了，但西夏方面则出现很大的变故。

王安石执政时期，坚持重用王韶，在神宗都有动摇的时候，王安石排除干扰，力挺王韶，最后取得辉煌的胜利。王安石退位后，王韶受到排挤，调回内地，后来居然出家当了和尚，可见其心灰意冷的程度，而且已于元丰三年（1080年）在郁郁寡欢中去世。王韶本是在军事上建立过赫赫战功的人物，但因为是王安石推荐和重用之人，其功绩就被后世史官一笔勾销，可惜啊！

前文提到，宋代进入元丰年间后，变法的效果呈现出来，神宗两次共建造元丰库几十个，囤积大量金钱，当时称作"封桩"钱，是专门用来备战备荒的。而主要目的是备战，因为应对自然灾害地方常平仓中的储备便够用。神宗一刻也没有放弃消灭西夏的念头。

元丰四年，机会来了。西夏国梁太后夺了国主秉常的权，专擅朝政，错用一帮腐败分子，政治混乱。于是神宗决策进攻西夏，命西北边防五路出兵。但不设主帅，只是令宦官李宪负责全面协调。

五路将帅中，最有名的是沈括和种谔。种谔是北宋名将，其父种世衡宋初便是大将，一直戍守西北边陲。他子承父业，也终生经营西北。

在英宗治平四年（1067年）十月，种谔招降了绥州嵬名山部落，得到酋领三百人，人口一万五千户，宋军未伤一兵一卒，就收复了陕北重镇绥州。这是很大的历史功绩。

元丰四年，种谔军队连战连捷。九月二十九日，种谔率兵出绥德城，进攻米脂，三日未能攻下。西夏派军队前来援救。种谔在米脂城外无定河边布下罗网伏击敌人，断其首尾，大破敌兵。其后便攻占米脂城即银州城。这是围点打援的典型战例。米脂城是当时西夏东南边防的军事重镇，同时另一路军队也攻克并占领了兰州古城。

元丰五年（1082年），神宗采用徐禧的策略，派他到前线负责总指挥。徐禧是个文人，公元1035年生，洪州人，实际上他一次战争也没有参加过，属于赵括一类纸上谈兵的人物。他到前线，改变沈括、种谔等人的作战方案，坚持在永乐城地方筑城固守。西夏军队大举来攻，几名大将都主张派一支军队出城驻扎，以便形成犄角之势，随时策应。但他刚愎自用，不肯采纳，而是出城迎战，战败便退回城中。敌人四面围城，如同铁桶。他则束手无策。城中水源被断，结果城陷，几万官兵全部战死，徐禧也死在乱军之中。

这是北宋军队损失最惨重的一仗。兵败消息传来，神宗悲伤得流泪，后悔不迭。王安石听到这些消息，心情异常沉重。他只能暗自摇头。徐禧是他熟悉的人物，也是很支持他变法的官员。但王安石深知此人，言过其实。如果王安石在朝，是绝对不会同意让他去做统帅的。

实际上，神宗如果不用徐禧，而是坚定地任用沈括和种谔，不会有如此惨败，或许西夏可以平定。平心而论，这次惨败的原因就是神宗所用非人。

战争失利，虽然损失惨重，但并没有伤国家元气，还有那么多封桩钱，还可以重整旗鼓嘛！但神宗不是英明的君主，而北宋历史的转折，也是这一仗的失利。

听到这些不利的消息，王安石茶饭不思，彻夜难眠。他在思考着国家的命运和百姓的生活。神宗皇帝三十多岁，正年富力强，即位已经十几年，阅历丰富，而西夏和辽国内部依然是四分五裂，机遇依然存在。只要神宗心理承受能力强，心胸宽阔而志向远大，早晚可以打胜仗。

但是，神宗的性格王安石非常了解，毕竟君臣合作了将近十年的时间。神宗遇到大的事情时往往不能决断，耳根软，容易听信一些危言耸听的话，故在关键时候缺乏明智的判断能力。自己在位时对于辽国要求重划三州边界的事情，神宗的态度和做法王安石还历历在目。

熙宁九年神宗擅自割让领土给辽国，是第一败笔，而这次永乐城之败，是第二败笔，两次败笔便断送了大好的形势。可惜！

第三节　病来如山倒

常言道"病来如山倒，病去如抽丝"。长期的郁闷忧伤令王安石经常失眠，一旦失眠便心跳加速。元丰七年（1084年）春节刚过，气候阴冷，一天早晨，王安石醒来，突然感觉浑身发软，起床很费力，便知道自己病了，而且病得不轻。

吴氏发现丈夫的表情不对，而且不像往日那样很利索地起床，连忙过来询问："怎么了？怎么了？"因为都是六十岁的人了，吴夫人很有经验，并没有马上扶王安石起床。

王安石摆摆手道："我这是卒中了，浑身无力。快去请郎中。"

郎中来了，诊断为轻度卒中，就是今天的脑血栓。

王维说"每逢佳节倍思亲"，是深谙人情的体验，因此成为超越时空的名句。实际上，人在病中同样思念亲人。王安石在年前曾经给在京师居住的小女儿寄去两首诗，有盼望女儿前来探望的意思。

女婿蔡卞正要请假，就接到了神宗皇帝的口谕，让他携带家属回江宁看望前宰相王安石。

原来神宗知道王安石患病，特派医术高明的御医前去治疗，又想到让王安石的女儿一家回江宁看望老宰相，便准了蔡卞一个月的假期。

见女儿一家到来，特别是见到那个活泼可爱的小外孙，王安石的精神立刻好多了。他深情地给外孙写了一首《赠外孙》："南山新长凤凰雏，眉目分明画不如。年小从他爱梨栗，长成须读五车书。"

病中的老人见到思念的亲人是最大的精神安慰，再加上御医的精心调理，王安石的病情很快就大有起色。

王安石是位感情非常丰富的人，从他写给亲人的诗文中便可以感受到。

王安石共有两个哥哥、四个弟弟和两个妹妹。兄弟的情况前文都曾提到过，两个妹妹一个嫁给张奎，一个嫁给朱沈君。两个妹妹都有一定的文化，都会写诗。嫁给张奎的妹妹写诗的水平相当不错，曾写出"草草杯盘供笑语，昏昏灯火话平生"这样的警句。

王安石多次写诗给两个妹妹，诗文感情真挚，可见兄妹之间的关系非常融洽。如果妹妹没有文化，不能理解诗文，王安石也不会经常给她们寄赠诗篇。

王安石有三个同母弟弟，即大弟王安国、二弟王安礼和小弟王安上。王安石和三个弟弟的感情都很深。他在宰相任上得到御赐的极品茶叶，也要想着寄给外地的弟弟。

王安石共有五个儿女，两儿三女。大女儿在鄞县时夭折，大儿子王雱，熙宁九年早逝。小儿子王旁，任职于江宁府。

由于大女儿夭折，所以一般的书都说王安石只有两个女儿，这就是通常说的长女和次女。长女嫁给吴充的儿子吴安持，次女嫁给蔡卞。两个女儿都能写诗，王安石与这两个女儿的感情也非常深。晚年的时候，相互之间的思念更加强烈。长女曾给老父亲王安石写诗道："西风不入小窗纱，秋气应怜我忆家。极目江南千里恨，依前和泪看黄花。"

长女丈夫吴安持的父亲便是王安石最好的朋友兼同僚吴充。在轰轰烈烈的变法过程中，虽然有时有不同意见，但吴充始终是他坚定的支持者。二人曾经都是参知政事，又是同龄，还都是进士出身，王安石罢相后，吴充代替其职务任同中书门下平章事，故可以称作同官。王安石给吴充写过很多诗，可以看出二人感情相当不错。

王安石的病渐渐好转，端午节时已经可以出门走路了。

这场大病使王安石对于人生有了更进一步的思考。他觉得尽管自己的财产不多，但就连这座很普通的半山园住宅和那几十顷田地也是身外之物，都是累赘，不如干脆都捐献给寺院。因此病愈之后，王安石上表请求把自己所建造居住的半山园施舍为一所寺庙，请神宗批准命名并御书寺庙的匾额，其目的是"永远祝延圣寿"。神宗批准，命名为"报宁寺"，并亲笔御书了寺庙匾额。而田地则捐献出去为死去的父母和儿子王雱祈求冥福。

从此，王安石辛辛苦苦建造的这所住宅就成为一所寺庙，王安石则准备在江宁城中再租一所房宅居住。就在王安石寻找新住处的时候，忽然来了一位重量级的客人。

第四节　不速之客

这一年是元丰七年（1084年），王安石已经六十四岁。

七月里的一天，天气有些热。王安石把所有的窗户全都打开，仆人又把地上都洒了水，屋子里才凉快一点。

王安石坐在南窗下的书案前看书，忽然间抬头向窗外一看，只见一人带着一名书童进了院门。刚开始还未看清，只觉得有些眼熟。他不由得一怔，怎么的，难道是他？他以为自己看花了眼，忙揉了揉眼睛仔细辨认，果然是他。王安石大喜过望，如同是当年蔡邕见王粲，连鞋子也顾不上提，便急急忙忙迎了出去。

来人五十上下的年纪，中等偏高的身材，神清目秀，胡须疏朗，气宇轩昂，一看就知不是凡夫俗子。来人见王安石小跑着迎出书房，也极为兴奋，赶紧快步迎上去，两个人谁也没打招呼，一下子拥抱在一起，都高兴得流出泪来。

来者不是别人，正是闻名遐迩的大学士苏东坡。他是王安石非常器重的一个人。王安石变法时，曾想要起用苏东坡和其弟苏辙，但苏东坡观点与司马光基本一致，始终对变法不理解，总是和他对着干，故王安石没有办法提拔他，而当时苏东坡也真的不适合在朝廷工作。

于是，王安石便把苏东坡派到地方上出任知州。知州是一地的行政长官，在不违背朝廷大政方针的情况下，可以按照自己的意志来管理一个地方，是个颇有实权，也能施展才能的职务。王安石的本意也想让苏东坡到社会中去锻炼一下，在实践中逐步理解新法的社会意义。

苏东坡在地方官职的任上，虽对新法有许多不理解，但他是正人君子，出于对朝廷对百姓负责的心理，不但认真推行贯彻新法，而且还在具体执行过程中纠正新法的一些弊端。凡是他执政的地方，新法都推行得非常成功。

但苏东坡是直性子，肚子里装不下事，有意见就想说，而他的文才又如此出众，便在一些诗文里对新法发了一些牢骚。

王安石学问大，器量大，当然也就不在乎。故王安石在位的时候，苏东坡虽然一边干一边发牢骚，但还没有什么事。可王安石退隐后，那些执政者就开始忌妒他，打击迫害他。

前文提到，在元丰二年七月二十八，那些忌妒苏东坡的人把他抓起来，说他利用上《谢表》的机会发牢骚，利用诗歌反对新法、诽谤圣上。他住了四个多月的监狱，当年除夕晚上才被释放，被贬为黄州团练副使，在黄州度过了五个春秋。

在黄州的五年里，苏东坡具体工作不多，有大把闲暇时间，而且心情压抑，故写了大量的诗词文赋，创作出许多传世的名篇，如前、后《赤壁赋》等。

刚到黄州的时候，他孤身一人借宿在定惠院里。后来家属来了，无法再在寺庙里安身，就在朋友的帮助下，弄了一块地皮。在这块黄州东郊的坡地上，他盖了房子，开垦出菜地，又掘井汲水，俨然是个老农。因为这是东郊的坡地，于是他干脆就自称为"东坡居士"。

对于苏东坡的情况，王安石一直很关心。二人尽管在变法方面存在很大分歧，但都有很高的政治品格，相互之间的个人交往并未中断。此次，苏东坡是接到朝廷的旨意，将他改授汝州团练副使，他在赴调任的途中经过金陵，特意来拜访退隐林下的老宰相。

二人拥抱后，苏东坡指指自己的袍服说："我这是身穿野服来见大宰相啊！"王安石摆摆手说："那些俗礼难道是为我辈设的吗？我现在不也是一身野服吗？"说着，把苏东坡请到屋里，二人一边品茶一边聊起来。

苏东坡仔细观察王安石，见其须发皆白，已现老态，不无感触地说："国公见老了，近来身体可好？""谢谢子瞻关心，已经六十四岁的人啦，怎能不见老呢？你也不像当年那样风华正茂，神采飞扬了。'纵使相逢应不识，尘满面，鬓如霜。'你的鬓角虽然还未如霜，可也见星星白发了。不过，我还是能把你认出来嘛！你这是到哪里去？"王安石关切地问。

苏东坡把自己去汝州赴任的情况告诉王安石。苏东坡是在熙宁五年离开朝廷的，此后二人就未见过面。如今已是一纪，自古传下来的十二生肖已经转了一圈，人如何能没有变化。二人各自谈了别后的情况，又谈到初次见面时的情景，也谈到与欧阳修老前辈的交往，感慨颇多，不胜嘘唏。

"我在前来的路上，听到好几位渔父唱歌。曲调悠扬，歌词都深契佛理，且浅显易懂，皆是没有听过的，大有唐代寒山诗的韵味。我一打听，渔父说均是国公大人和俞秀老所作。怎么，您现在也向往佛门啦？"苏东坡道。

"退下来后，只想修身养性，俞秀老天天来给我讲论佛经。我觉得有道理，就修身养性来说，佛经确是好书，这样也就渐渐悟出一些道理。也不怕你笑话，老夫还写了一些《拟寒山拾得》诗，你所听到的那些渔父唱的大概都是这些诗吧？"说着，王安石把一卷诗稿递给了苏东坡。

苏东坡看罢，连连赞叹，说想不到当年积极入世、勇于承担重任的国公大人修习佛学也能得此三昧。

苏东坡也颇喜佛学，对佛学有很深造诣，当然能深刻理解王安石这些诗中所蕴含的哲理。二人谈兴越来越浓，直到晚饭已备好。

晚饭后，二人回到书房继续谈天。当然也不可避免地要谈论一些国家大事，但主要话题是围绕着宇宙人生及修身养性。二人在这方面的见解完全一致，都格外畅快。谈到高兴之处，王安石就让下人再弄几个可口的小菜，再喝上几口小酒。

王安石只知道苏东坡被关进狱中四个多月，但其中审判的过程如何并不晓得，便让苏东坡简单说一下。

苏东坡道："都过去四年多了，那真是一场噩梦。我险些出不来了。当初，我灵机一动，还曾经把国公牵扯进去，那不是我有意攀扯国公，而是为了拯救自己，还请国公原谅，是国公间接救了我一条性命。"

"我还能救你的命？我当时已经隐退几年了，哪有那种能量？"王安石有点好奇。

苏东坡道："是这样，当时那些人就想置我于死地，于是尽力网罗罪证。什么'诽谤新法''愚弄朝廷''妄自尊大'等罪名，我都认罪，因为这些罪名难以辨别，但不至于是死罪。后来又说我诬蔑诽谤圣上，那可是死罪。"

王安石听到这里，心里很沉重，也很生气，马上问："证据呢？凭什么如此说？"

苏东坡道："欲加之罪，何患无辞！我曾经写过《王复秀才所居双桧二首》两首诗，第二首说'凛然相对敢相欺，直干凌空未要奇。根到九泉无曲处，世间惟有蛰龙知。'他们便说只有圣上才可以称龙，而你把圣上比喻成蛰龙，还是在地下，用心何其毒也！"

"望文生义，穿凿附会，真是歹毒。"王安石很气愤。

"别的罪名我认也就认了，但这个我坚决不能认，一是我本来没有那层意思，二那可是死罪。幸亏我急中生智，想起国公作的两首诗来。于是便用国公的诗来进行争辩。"

王安石听着，苏东坡继续说："我说，龙有自然界的龙和社会的龙，不能说写到龙便一定是影射诽谤圣上。我并没有马上说到您的诗。

"他们以为我没有证据，便追问'你胡说，龙就是圣上，就是天子。你说写到龙不一定是影射诽谤圣上，可有证据，还有谁这么写过？'

"其实我是胸有成竹，他们一问，我立即说'就是当今舒国公王介甫'。"

王安石默默听着，苏东坡接着说："舒国公有两首诗，《龙泉寺石井二首》。第一首说'山腰石有千年润，海眼泉无一日干。天下苍生待霖雨，不知龙向此中蟠。'第二首说'人传湫水未尝枯，满底苍苔乱发粗。四海旱多霖雨少，此中端有卧龙无。'说龙蟠在井里，而且天下大旱，还说龙不治水，有失职之嫌。舒国公说的便是自然之龙。怎么能说是讽刺呢？"

王安石听罢，紧绷着的脸展开了，笑道："有道理，有道理。子瞻真是机敏啊。"

苏东坡也露出笑容，道："审案的人相互看看，说'舒国公大人真有这样的诗？我们回去查查，如果没有，再重重治你的罪。'后来据说圣上知道他们捏造这项罪名，便不屑地说'苏轼咏叹桧树而已，关朕何事？'于是这条最要命的罪行便没有了。"

"老夫曾经读到你在狱中写作的两首七律。其中一首说'圣主如天万物春，小臣愚暗自忘身。百年未满先偿债，十口无归更累人。是处青山可埋骨，他年夜雨独伤神。与君世世为兄弟，更结人间未了因。'如此悲观，你怎么会想到死？"王安石问。

苏东坡长出一口气，道："说来话长，这里面有一个小插曲。当初入狱之后，犬子苏迈每天去大理寺监狱送饭。因为外面的消息一点也无法听到，和迈儿也很难见面，我便和他约定，如果有判处我死刑的消息，菜里就要有鱼，否则不能有鱼。有一天，迈儿有急事需要办理，委托一朋友给我送饭，但忘了告诉他约定的事。他的朋友好心给我烹调一条鲤鱼。我一看到鱼便非常悲伤，以为自己活不成了。于是写了那两首诗，托好心的狱卒梁成给传了出去。"

王安石笑道："还真有故事。好在一切都过去了。后来我读到你的词句'谁怕，一蓑烟雨任平生''归去，回首向来萧瑟处，亦无风雨亦无晴'，便感觉你已经从痛苦中解脱了。难得啊！"

次日，王安石又陪着苏东坡游览了钟山，写诗唱和，甚是惬意。流连数日后，苏东坡依依不舍地告别王安石，继续北上赴任。

只过了一天，苏东坡就给王安石写了一封信，抒发此次相逢的喜悦。

不到一个月，王安石又收到苏东坡的第二封信，情意殷切。

为了能经常和王安石来往，苏东坡曾经想在金陵买地建房，可能是因为金陵的地皮太贵，或是别的什么原因，苏东坡的计划没有实现。于是他便求其次，在仪真又开始买地建房，这样也可经常去见王安石。可见苏东坡对王安石仰慕钦佩之深。他还向王安石推荐秦观，请王安石揄扬秦观，可知苏东坡爱才的程度，也可以看出王安石当时的影响力。

这两位曾经因变法而产生很深隔阂的大文学家在晚年时关系至为融洽，这是毋庸置疑的。

当然，我们不能通过二人的亲密交往就说苏东坡已经认识到当年反对变法的错误了。但苏东坡晚年确实多次表达过这样的意思：当初自己以及其他一些人专门和王安石闹对立、攻击新法的许多做法过了头，对国家、对朝廷都不利。

神宗死后不久，苏东坡的一名朋友滕达道要进朝，苏东坡想见此人面谈而未果，即给其写信以说明自己的意见。

大意是说，变法当初，我们这些人有偏见，专门提出不同看法，虽然也是出于忧国忧民之心，但所提的意见多数是错误的，很少有合理的。如今新法的成果已经显示出来。故希望老朋友此次进朝，不要再对新法说什么了。

由此可以看出，苏东坡的确有些后悔当初的做法，他能够开诚布公地说出来，这种精神本身就令人佩服，是大君子之所为。

第五节　秦淮河边的小院

苏东坡走了，想在金陵附近买田地建造房屋以方便经常看望王安石的愿望落空。王安石将半山寺委托给好友俞清老主持，自己经过选择，在离半山寺不太远的金陵城内租赁了一个小院。

就在离开半山园的时候，王安石一步三回头，留恋自己生活过六七年的这块土地、这所庄园。

王安石和夫人搬进小院，原来的仆人全部遣散回家，临时雇了两名仆人，一男一女，都是二十多岁的年轻人，早来晚走，不必住在这里，这就简单多了。

我们将王安石最后的住所简单描述一下。不高的院墙围成一个小小的院落，院门是对开的简陋的木门，院子里靠后是四间青砖青瓦的房屋。西厢是个茅房，东面则什么也没有，院门的上面还有个檐，开门人可以免于雨淋。整个院子里就那么两座建筑，一住屋一茅房。由于周围房屋高大，故这里很不通风，还闷热。这里是一所比较简陋的民居。

王安石大病初愈，再温习《维摩诘经》，又有新的体会。王安石完全想开了，人生的最终去处都是无所有之乡，无非是埋入黄土成为腐肉白骨而已。至于灵魂究竟去了哪里，谁人知晓？一切都是虚空不实的。王安石常常这样想，他把自己的这种感想写成一首七绝道："身如泡沫亦如风，刀割香涂共一空。宴坐世间观此理，维摩虽病有神通。"（《读维摩经有感》，选自《临川先生文集》卷三十四）

人的一生如同是泡沫也如同是风，无论富贵贫穷最后都化作虚无。有时，王安石一个人拄着藤藜的手杖，缓步走向半山园，欣赏半山寺内外开放的百花，依旧是姹紫嫣红开遍，春风微微拂过，大的花朵便轻轻摇摆，仿佛美人般婀娜多姿，那种自然的神韵真令人心醉。

金陵三月，天气很热。有一次，午睡醒后，王安石骑驴出门，信"驴"由缰，随便在一条路上溜达，烈日当空。忽然，他看到一个熟人，是前来看望他的江东提刑官李茂直。

李茂直看到王安石，急忙翻身甩镫下马，王安石一蹁腿便下了小毛驴，也不用甩镫，因为也没有镫。王安石随身带着个小马扎，一支就坐下，而李茂直随从带的是折叠椅，当时叫胡床。二人坐下就聊起来。

太阳偏西了，李茂直命人把伞盖张开，伞盖支在李茂直一边，阳光正好照在王安石身上。李茂直让人把伞挪到王安石那边去。王安石说："不用了，如果后世做牛，在太阳下面还得耕地呢！"李茂直也笑了，道："国公真是豁达幽默。"因为家里不宽敞，王安石也没有请李茂直到自己家里去。

搬到新租赁的小院之后，隔壁邻居姓张，和王安石相处得很融洽，王安石经常去串门。有时王安石拄着拐棍就去了，到门口就喊："张公！"老张头出来热情答应："来了！相公。"他知道王安石曾经是宰相，所以称其为"相公"。开头几回还没有注意，二人谈话，王安石说："张公。"对方回答："相公。"王安石哈哈大笑道："我当了许多年宰相，跟你就差一个字啊！"老张头也笑了。

自从来到小院后，也不知是怎么回事，王安石的心情总是开朗不起来，他有些想念自己的好下级，也是在变法中始终如一和自己站在一起的吕嘉问。

王安石辞相回到江宁后，神宗为了照顾王安石的生活，任命吕嘉问为江宁知府。一年多时间后，吕嘉问调任润州知州。

吕嘉问字望之，因此王安石在诗题上都是称吕望之。古代人称呼字是一种尊重。一般情况下，老师和父辈才直呼其名，其他人相互之间都称字。吕嘉问到江宁出任知府期间，虽然几次来看望王安石，但因工作很忙，二人也没有深谈。有时王安石也招吕嘉问到自己家来，轻松自在地在一起谈天。

第十一章
最后的岁月

第一节　夭折栋梁

　　数日来王安石总感觉心神不定，恍恍惚惚的。他盼望好友吕嘉问或者叶致远前来，不但两位好友都没有出现，反而传来一个令人震惊的噩耗——神宗皇帝殡天了。元丰八年（1085年）的春末，神宗皇帝在三月戊戌（初五）日崩于福年殿，享年仅三十八岁。皇太子于灵前即位，并与神宗的母亲高太后共同处理军国大政。

　　当然，高太后这时也长了一辈，升为太皇太后。原来的曹太皇太后已于元丰年间死去，要不然的话，大概就轮不到高太后垂帘听政了。

　　听到这个不幸的消息，王安石如五雷轰顶，脑袋"嗡"地一下子，立刻觉得天旋地转，热血上涌，眼前一阵金星冒过之后，便什么也看不见了。幸亏他当时是坐在病榻之上，身子一晃悠，往后一仰，又躺在床上。

吴氏夫人见状，忙叫郎中来。服下一剂汤药，缓了一会儿，王安石才喘过这口气来。只见他老泪纵横，禁不住哭出声来，连叫："圣上啊！圣上啊！你为何这么年轻就驾崩了呢？天啊！天啊！"

大哭一场后，王安石呼吸渐渐均匀下来，心情也平复一些。他马上命人到报宁寺里请全寺僧人念经、做法事，为神宗祈祷，超度亡灵。王安石又怀着极其悲痛的心情写了两首《神宗皇帝挽辞》：

> 将圣由天纵，成能与鬼谋。聪明初四达，俊义尽旁求。一变前无古，三登岁有秋。讴歌归子启，钦念禹功修。
>
> 城阙宫车转，山林隧路归。苍梧云未远，姑射露先晞。玉暗蛟龙蛰，金寒雁鹜飞。老臣他日泪，湖海想遗衣。（《临川先生文集》卷三十五）

王安石和神宗皇帝不是一般的君臣关系，更像心心相印的知己朋友。这对君臣在变法大业上配合得相当好，没有神宗的决心和信赖，王安石是绝对不可能变法的，更不要说取得如此好的社会效果。没有王安石的魄力和杰出的政治才能、经济才能、军事才能、广博的学识和人格的感召力，变法大业也是不可想象的。变法大业上，神宗和王安石二人缺一不可。

神宗的存亡，与王安石的荣辱紧密联系着，这一点或许王安石还不会太在乎，因为王安石本来对自己的名誉地位就不太在意，何况他已经是六十五岁风烛残年的老人了。可是神宗之死会影响到变法大业，而变法大业则直接关系着国家的前途和命运。这是王安石最关心也最担心的问题。为此，王安石时刻在关注着朝廷的消息。

其实，退休之后，王安石对国家和朝廷也不可能忘怀，只不过因为当时一直在实行新法，而整个天下的形势也比较平稳，故他的心态比较平和。他那样性格的人，是不可能完全忘却天下大事的。

神宗死后，王安石对朝廷的消息更加关注。他预计，新法将面临严峻的考验。新君年龄太小，朝廷实权掌握在太皇太后高氏手里，而神宗在世的时候高氏对新法就有颇多不满，多次要求神宗废除新法。如今她掌握了大权，又怎能不改动新法呢？新法受到冲击是一定的了，但冲击到什么程度还无法预测。这也是很复杂的问题，其中朝廷人事变动将会产生重要的作用。

神宗死时，王珪、蔡确为相，章惇为门下侍郎，共同扶立九岁的太子赵煦登基，军政大权都在变法派手里。可是老天不作美，神宗死后两个月，宰相王珪也跟着死去。这对变法派来说是个严重的损失。

五月，保守派领袖人物司马光进京入觐，被任命为门下侍郎。但此时蔡确为宰相，章惇为枢密使，军政大权主要还由变法派掌握。七月，另一保守派的中坚分子吕公著进入朝廷，出任尚书左丞。保守派开始掌权。

这些人事变化都在王安石的预料之中。但王安石还有一点希望，认为新法应该不会马上遭到否定。因为孔子曾经有"三年无改于父之道，可谓孝矣"的古训，一般士大夫都知道这一说法，也都遵守这一不成文的规矩。这是道德的约束，稍有修养的人都会顾忌这一古训的。无论是变法派的王珪、蔡确还是章惇，都不是没有主见的人，也会坚持这一原则的。而司马光、吕公著等人也会有所顾忌。因此，乐观估计，新法起码还要实行两年以上。但王安石的这种想法被现实击得粉碎。

朝堂上，小皇帝哲宗坐在龙椅上，太皇太后坐在旁边，也是龙椅。下面几位大臣依次是蔡确、章惇、司马光、吕公著、范纯仁。蔡确和章惇是神宗后期重用的大臣，属于变法派，司马光和吕公著是太皇太后新召回京师的，是保守派，四个人分属两个尖锐对立的政治营垒。范纯仁有些特殊，当年变法时，他不是积极分子，提出过许多反对意见，不受重用。但他对新法也不坚决反对，故始终没有遭到变法派的打击，他游离在保守派和变法派之外。

太皇太后是真正的主持人和裁判，她说：

"今日召诸位爱卿前来，就是要商议国政大事。如今司马光和吕公著都回来了，你们也都是先朝重臣，对于推行新法历来有不同意见，今天就畅所欲言，把你们心里的话都说出来吧。"

司马光最先发言道："当年先帝要采纳王荆公意见，推行新法，废除祖宗旧制，老臣便坚决反对。但先帝坚持采纳王荆公意见，推行新政，致使天下纷乱，小人得势，君子被弃。臣对此一直耿耿于怀，如今天下之事尚有可为。当今首要大事，便是废除新法，恢复祖宗旧制。"

司马光就是能战斗，话说得特别直白，这是他的风格。

吕公著马上表态："司马侍郎所言极是，臣附议。"他同意司马光的意见。

范纯仁道："臣蒙太皇太后召回重用，不胜感激。臣上朝前，苏轼找过臣，认为新法推行已久，深入民心，且多有便民利国之处，虽然尚有一些弊端，还应继续推行，只能局部修订，千万不要全部废弃，否则，必然导致天下纷乱。臣也是这样看，请陛下和太皇太后明断。"

"蔡确、章惇，你们执政多年，是先帝重用的大臣，也谈谈你们的看法。"看蔡确、章惇一直沉默不语，太皇太后点名要他们说话。

听到太皇太后点名，蔡确不得不表态了："先帝圣明，国家富强，疆域拓展。不能说新法错误，只能说未尽善尽美。何况，圣人云'父死，子三年不改其道'。先帝刚刚入土为安，尸骨未寒，陛下只宜继续现在之大政方针而不宜轻易改变法度。"

太皇太后看了看章惇，章惇忙发言道："臣也是这样看，先帝英明睿智，国家昌盛富强。本朝自建立以来，出现过如此繁荣之局面吗？不能否定新法。陛下新登基，不宜改变先帝之法度。"

九岁的哲宗看看奶奶，众人的眼光也都不约而同投向太皇太后。太皇太后没有说话，看了看司马光和吕公著。

司马光向前一步，道："臣以为，虽然陛下是新登基，但主政者乃太皇太后。如果陛下主政，蔡确之言是，三年不能改变大政方针。如今太皇太后主政，情况有所不同，这是以母改子。儿子生前有所不妥，母亲改正之，有什么不可以？"

蔡确看看司马光，刚要发言，太皇太后说话了："司马爱卿说得对，这不是以子改父，而是以母改子，这也是老身要垂帘的缘故。因为除老身外，皇帝和皇太后都有诸多不便。就这么定了。几位爱卿回去商议出方案来，立即恢复一切旧制。退朝！"干脆利落。

"臣有话要说！"章惇有些激动。

"说！"太皇太后也很威严。

"如果如此决定，臣请归隐，不敢奉诏！请太皇太后恩准。"

"准了，还有不肯奉诏的吗？"太皇太后咄咄逼人。

"臣也不敢奉诏。"蔡确也明确表态。

"准了。退朝！"

其实，这是一次事先设计好的会议，司马光用"以母改子"的理由轻易地把"父死，子三年不改父之道"的说法否定，而关键还是高太皇太后坚持要废除新法，司马光只是为其提供理论根据而已。于是，高太皇太后和司马光为首的保守派便开始了对新法的全面清算。

七月，罢保甲法。

十一月，罢方田法。

十二月，罢保马法。

年后改年号为"元祐"。闰二月，起用吕大防、范纯仁等大臣，变法派被全部赶出朝廷，保守派掌握了全部大权。

保守派一掌大权，马上就要对新法的最核心内容青苗法和免役法下手了。

第二节　双重的创伤

自从神宗死后，王安石一直抑郁愁闷，有时莫名其妙便感觉烦躁。他知道新法面临着严峻的考验，当听说司马光"以母改子"的理论和太皇太后决定废除新法，蔡确和章惇都被赶出朝廷后，心情更加沉重。

七月，罢保甲法的消息传来，王安石内心焦灼，再加上天气燥热，太阳火辣辣地照射着这个小院，人感觉被烤着一样。王安石酷热难耐，便让两名仆人在屋檐前用松树、栎树的小树干支一个架子，上面遮上竹子，再搭些用芦苇编织的凉席。

秋热总算忍耐过去了，但朝廷中变更法度的消息不断传来。

十一月，罢方田法。

十二月，罢保马法。

王安石每次听到这种消息，精神都遭受一次沉重的打击。他的脑海中不断出现制定推行这些法令制度时的艰难、所遇到的种种阻力和自己遭受到的种种非难，以及神宗皇帝犹疑徘徊的眼神。

为了排遣内心的忧郁和焦烦，王安石只能开卷读书，或者饮酒麻醉自己。有时他来回踱步，自言自语，有时围着床转圈，默默无语。地方官员当然理解他的心情，所以有关变更制度的诏书尽量不向他传达，或者尽量晚一些告诉他。

田昼是北宋后期著名的刚直之士，他在金陵管理酒业的时候，对王安石很关心。王安石经常派一个老兵来沽酒。宋朝的老兵实际是一种官差，够级别的官员家中的男仆就是这种身份。老兵对田昼说王安石"每日只在院中读书，时时以手抚床而叹，人莫测其意也"。

王安石还抱有侥幸心理。他以为前面的几个新法很可能被司马光等人武断蛮横地再变回去，但青苗法和免役法利国便民，百姓欢迎，已经被几年的社会实践所证明，收到了非常理想的效果，将会成为流传千古的良法，且为国家积累了大量的财富，无论谁当政也不能改变了。只要这两个新法能够继续实行，天下还不至于出现大的骚动。

但王安石的想法错了，司马光一上台，就要尽废新法。元祐元年三月，他提出先废除青苗法，但因故暂时未废，是在王安石死后的八月废除的。接着就提出废除免役法。保守派中一些尊重现实的官员如苏轼、范纯仁等都认为这两个法已经为天下所认可，而且利国便民，坚决不同意废除。可司马光就是要一切恢复旧制，坚决要废除。苏轼气得连连说："真是司马牛！真是司马牛！"实际上司马牛本来是孔子的学生，苏轼这里利用名字的谐音气愤地指责司马光过于执拗。后世都说王安石是"拗相公"，司马光之拗绝不在王安石之下。

废除免役法恢复差役法的圣旨一下达，各级官员也都产生极为强烈的反应。很多地方官顶着不办，引起全天下的骚动。这时担任京兆府尹的蔡京再次表现出看风使舵的本领。他态度积极，最先响应号召，只用五天就把免役法全部变了回去。

司马光大喜,对其重用。苏轼当时就尖锐地指出蔡京是大奸人,将来必败乱天下。司马光不听。后来果然如苏轼所料,蔡京反复无常,变乱天下,导君于奢,和徽宗一同成为断送北宋天下的历史罪人。

蔡京是兴化仙游(今福建仙游)人,是王安石小女婿蔡卞的哥哥。王安石执政时,蔡京如一个小爬虫,献媚邀宠,但王安石眼光敏锐,看出他的轻浮和善变,因此一直不肯提拔重用他。司马光见他坚决支持自己变更法度并且在京兆府首先推广开,对他大为欣赏和重用。

后来哲宗亲政,主张绍圣,章惇提出恢复免役法。蔡京则上蹿下跳,积极推行新的免役法,比当年恢复差役法还积极。

王安石在给神宗皇帝《上五事书》中已经明确指出:免役法、保甲法、市易法三法有大利大害,得人为大利,不得人为大害,缓图为大利,紧急推行则为大害。后来,虽然是恢复新法,但不得其人,又不能循序渐进,都被王安石说中。在后期推行的新法中,免役法为害最重、最烈。

废除免役法的圣旨传到江宁府的时间虽然晚几天,但还是传到了王安石的耳朵里。他听完后,连连摇头,很生气地说:"此法亦能罢乎?此法亦能罢乎?此法我和先帝反复研讨一年多,考虑甚为周详,措置极其精当。此法一罢,天下事尚可为乎?尚可为乎?"说罢,眼睛一闭,往床上一躺,只是不断地摇头叹气,一句话也不再说,一口水也不想喝,一匙饭也不想吃,任凭谁说什么也不听。

　　王安石的大脑还非常清醒，他在设想免役法被废黜后恢复差役法即将发生的社会动荡，"衙前、里正"所带来的深重灾难将会重新出现，百姓又将陷入官府和富户的层层盘剥之中。忽然，他在朦朦胧胧中发现神宗的身影在前面走，走得很快。他紧紧跟上去，只见云雾缭绕，再也见不到神宗的身影了……

　　忽然，他又在朦朦胧胧中仿佛看到司马光带领一大帮他不认识的人正在蛮横地拆毁他刚刚修建的大厦，大厦还没有最后竣工，还没有进行全面的装修，就被人强行拆毁，他的心血全部白流，他终生建造的事业将毁于一旦，他感觉内心一阵阵剧痛……

　　他在模模糊糊中听到妻子吴氏的啜泣之声，也感觉到儿子王旁在自己的病床边守候着，还可以感知安礼、安上两个弟弟轻声说话的声音，他知道自己的亲人都在，他心里明白自己最后的大限到了，人生的苦难即将结束，不知怎么回事，曾子临终的话出现在他的脑海："战战兢兢，如临深渊，如履薄冰，而今而后，我知免夫！"

　　王安石感觉这是自己最后的感知，自己的一生，兢兢业业，勤勤恳恳，对于国家，对于圣上，对于亲人，他都尽心尽力了，他没有什么遗憾了，他可以这样离开了。但他依然对于人生有些许的留恋，于是他的眼角溢出两颗很大的晶莹的泪珠，缓缓滑落。他轻轻地、细细地、匀匀地呼出最后的一口气，闭上双眼，眉头微皱，表情呈现出有很多遗憾的平静。

　　就这样，一代伟人王安石在家中逝世，享年六十六岁。这一天是四月癸巳（初六）日，公元1086年5月21日。天色阴沉，细雨霏霏，仿佛老天在默默流泪。

第三节 身后荣辱

荆国公王安石逝世的丧表上报到朝廷，举朝震惊。正在病中的司马光听到后非常悲痛，想到自己和王安石一生的交往，经历了那么多的风风雨雨。虽然政见对立，但对于王安石的学识人品、道德文章，司马光还是十分倾服的。

如今，斯人已去，不可复见。由于司马光也在病中，不能到朝廷理事，便写信给主事的吕公著道："介甫文章节义，过人处甚多。但性不晓事而喜遂非，致忠直疏远，谗佞辅凑。败坏法度，以至于此。方今矫其失，革其弊。不幸介甫谢世，反覆之徒，必诋毁百端。光意以谓朝廷特宜优加厚礼，以振起浮薄之风。"

虽然对变法之举百般诋毁，但对王安石的学识人格依旧给予很高的评价，并提出对王安石要优加厚礼，由此也可看出司马光的君子风范。

司马光和王安石的关系举世尽知，他又是当时朝野向往的大名人，说话当然有分量。他的话起了一定的作用，朝廷对王安石之死所采用的礼仪和封赏是很优厚的。朝廷对王安石特赠太傅，而赠太傅的圣旨就是苏东坡执笔。

苏东坡和王安石的关系是极其复杂有趣的，晚年的苏东坡对王安石真心理解和敬佩，二人的关系在这个时期可以说比苏东坡和司马光更亲密。

　　王安石的葬礼在家中举行。他的门人和学生有谁来参加葬礼没有记载，我们也不能妄说，但是他的两个弟弟都到了，夫人和儿子、女儿们应该都到场了。亲人们遵照王安石生前愿望，把他埋葬在半山寺后面的一个土丘上。没有像样的墓室，没有墓志铭，也没有神道碑，只是一抔黄土拱起的一个坟包而已。但这样的葬礼倒符合王安石的性格，他本来就低调，不喜欢张扬。

　　京师的太学里，许多太学生自发组织起来，设立灵堂，为王安石举行悼念活动，恭执弟子之礼。国子司业黄隐对此不满，又提出要废除在太学中使用《三经新义》，遭到许多太学生的抗议和吕陶的弹劾。

　　苏东坡和黄庭坚等一些诗人都写诗悼念这位功高日月的荆国公。黄庭坚比王安石小二十多岁，只在王安石晚年时与其见过一面，而且他虽属于所谓的元祐党人，但对王安石的学识人品佩服得五体投地，多次在诗文中抒发钦佩之情，由此可见王安石的人格魅力。

　　王安石的学生、著名大诗人陆游的爷爷陆佃也写诗深情悼念王安石。

　　王安石葬礼的冷清和后事的简陋使本不是王安石学生，甚至对变法还有一定看法的张舜民都看不过去了，他也作诗哀悼惋惜。

第四节　元祐绍圣党争

王安石死后，八月，罢青苗法恢复太平仓法。王安石和神宗辛辛苦苦经过近十年时间创立，且在天下推行多年并取得极大成功的新法，在神宗死后不到一年半的时间里，就被以司马光为首的保守派们全部葬送了。

王安石所建立的功绩在当时所存留的，只有恢复熙河几路、扩大国家版图这一点了。司马光对此也耿耿于怀，想要把王韶在王安石坚决支持和指导下，用众多将士鲜血换来且已经苦心经营多年的河湟地区也完全放弃，拱手归还给西夏。

邢恕劝司马光说："这可不是小事，有关国家的安危，应当征求一下边人意见。孙路久在西北，在河湟地区四年，他很有见解，人品也好。应当去问一问他。"

司马光觉得有理，派人去请孙路。孙路一听这个消息，连忙抱着地图就来了。见面后，他指着地图对司马光说："自通远至熙州才通一条小路，熙州之北已经和西夏接壤。今自北关开辟土地一百八十里，濒临大河，筑兰州城，然后可以捍卫庇护中原。如果将此地送给敌国，整个西北一道就都危险了。"

司马光看后，恍然大悟说："多亏征求您的意见，不然的话，几乎误了国家大事。"从此，再也不提把河湟归还西夏的事。

同年九月，也就是王安石死后五个多月，司马光除了没把河湟地区还给西夏外，把整个新法和王安石执政时所建立的一切都废除了，尽行恢复旧制。他似乎也完成了一种夙愿，他也寿终正寝了。

呜呼！司马光无论个人品质多么高尚，但在政治品格上是有严重问题的，他处心积虑要把王安石的变法成果全都废除掉，犯了极大的政治错误，甚至可以说是历史的罪行。我想，如果把司马光和王安石换位的话，王安石是不会这样干的。而宋史和许多史书却都歌颂司马光而贬低甚至诬蔑中伤王安石，真是令人憾恨。难怪梁启超说："吾每读宋史，未尝不废书而恸也。"我亦深有同感。当然，这种现象的出现有极其深刻的社会历史原因。

司马光死后，保守派也发生严重的分裂，派系斗争格外激烈，朝政日非。朝廷中分成三派，即所谓的"洛党""蜀党"和"朔党"。苏东坡等人对尽废新法和朝廷里的相互倾轧极为不满，主动要求外任。执政的梁焘等人制定出两个名单，一个是"蔡确亲党"四十七人，一个是"王安石亲党"三十人，要对这些人进行狠狠的打击和整治。

范纯仁反对如此大规模地排斥异己，因为如果以后对方上台，恐怕也会如法炮制而进行报复。但高太皇太后支持梁焘，吕大防和刘挚也支持太皇太后的意见，于是朝廷对所谓的"蔡确亲党"进行残酷打击，全部清理。凡是政见稍有不同或与执政者有嫌隙者均被指为蔡确亲党。后来的新旧党争就是从这里开始的。范纯仁因为反对这样做而被罢免宰相之职。

几年后，高太皇太后死，哲宗亲政。哲宗认为奶奶执政这几年远远赶不上爸爸神宗和王安石那时的情况，于是提出要继承先皇的遗志，重新恢复新法。朝廷又来个大换血，元祐年间被打击的所谓蔡确亲党等人被重新起用。也有一些投机分子钻进朝廷，虽然名义上是恢复新法，但具体执行起来与当初已经大相径庭。

后来哲宗死，历史上著名的昏君徽宗赵佶即位，这是个极其荒淫昏庸腐败的帝王，重用变色龙大奸臣蔡京。这对君臣虽然仍旧打着新党的旗号，但已经是彻头彻尾的昏君奸臣。他们对元祐年间打击新党的大臣进行疯狂的报复，最后竟立什么"元祐党人碑"。

其实，"元祐党人碑"上的名字也不全是元祐年间执政的大臣，而是蔡京任意确定的。他嫉恨谁就把谁的名字写上，恶毒残酷到了极点。

陆游的爷爷陆佃本来是王安石的学生，其政治倾向是属于变法派一边的，当初王安石对他也很信任。可他却榜上有名。更令人不解的是王珪和章惇，二人本来都是变法派的中坚分子，王珪在世时一直是宰相，所接替的是王安石之位，王安石退隐后，王珪协助神宗继续推行新法。可他和章惇也被列入"元祐党人碑"的名单里。在绍圣五年（1098年）九月的时候，朝廷还专门为王珪发了一道圣旨，把他的子侄们全部罢官。

徽宗和蔡京打着新党的旗号，肆无忌惮地对百姓进行盘剥。政治极度黑暗，天怒人怨，爆发了宋江起义、方腊起义。国力大丧，发生了"靖康之耻"，北宋灭亡。

正因为徽宗和蔡京打的是新党的旗帜，而后人又把王安石看成是建立新党的领袖，所以便把北宋灭亡的罪过推到了王安石身上，甚至把他说成是集古今所有大奸之恶于一身的特大奸臣，真是荒唐到了极点，真是千古奇冤。

有人说："由言利而变法，由变法而绍述，由绍述而招乱。则宋家南渡，荆公有以致之也。"乍看似乎逻辑严谨，实则不堪一驳。如果没有元祐毁坏新法，又怎么会有绍圣？天理昭彰，王荆公一生事业诗文尽在，只要能正视历史，则功过自明。

王安石变法是后世争议颇大的问题，本书不想在这里进行考证论析，这是历史学家们的任务。但有一点是非常肯定的，即在某种意义上，王安石变法取得了成功。其主要表现可从两个方面来进行说明：一是当时取得的成果，二是对后世的影响。

先说前者。两宋三百年间，只有在王安石变法的后期国力最强。整个国家经济繁荣，政治清明，文化教育事业昌盛，军队强大，对西北、东南、西南地区都有相当规模的开发。王安石退隐后，宋朝虽然在西北打了两次败仗，遭受很大损失，但并没有损伤国家的元气。整个朝廷的经济状况依然是非常良好的。

神宗和王安石死后，当司马光被重用时，毕仲游曾给司马光写信，劝司马光不要急于废除新法，而应该加强节省各项开支，把国家经济状况搞得更好一些。他认为如果迫不及待地废除新法，弄不好会使国家财力大丧，要误国误民。

毕仲游是保守派阵营里的人，他的话不更说明问题吗？熙宁元丰年间是北宋乃至于两宋最繁荣强盛的时期，这不正是王安石变法成功的证据吗？

再说后者，王安石变法的历史影响是非常深远的。他所制定的一些新法虽然被司马光所废除，但几年后就被全部恢复。而有一些新法则一直为后世所沿用，免役法就是如此。

邓广铭先生在《北宋政治改革家王安石》书中对于这一点有个精彩的比喻："我认为，绝对不应把司马光的推翻新法，认为是新法的失败。正如一位建筑师经过长期的研究思考，设计建造了大面积的庭院房舍，虽还未必可称之为美轮美奂，然而已可供广大人民安居乐业之用，却不幸有仇人冤家突然到来，只为发泄其怨怒之气，便不问缘由，一律将其拆除推倒，这怎能算是建筑师设计与施工的失败呢？"

至于北宋由于新党执政而灭亡，那是因为徽宗和蔡京这对昏君奸臣执政的缘故，与新法没有直接的关系，与王安石更没有丝毫的关系。

第五节　荆公新学与诗文

王安石变法的全面深入展开，既是时代的要求，也得益于王安石思想和执政能力得以施展的缘故。当时社会危机深重，士人都希望有所改变。在庆历（1041—1048）新政失败后，嘉祐（1056—1063）年间这种求变的思潮并没有减退，反而更加强烈。

王安石走上历史舞台，正是在这个求变的时期。王安石在庆历二年进士及第，开始走向社会。庆历新政失败时，他刚刚走上仕途，一边观察一边刻苦读书，和当时许多士大夫一样，积极思考社会出路。他在写《上仁宗皇帝言事书》前，刻苦读书十几年，逐步形成了自己的学术思想和改变社会积弱积贫状况的整体思路。

大约在淮南做签书判官的时期，王安石的学术思想开始形成。王安石早期著作《淮南杂说》《老子注》《易象论解》便是其全面思考天人关系以及如何处理各种社会关系的思想结晶。《淮南杂说》已经失传，但此书在当时流传极广，人们纷纷传阅评说，并认为此书很像《孟子》，给王安石带来极高的名誉。

《三经新义》和《字说》是科举考试标准教材。荆公新学风行天下六十年，南宋初和程朱理学还对峙过一段时间。

随着新法的普遍推行，意识形态上也需要用新思想来为新法的实施做舆论上的宣传。漆侠先生在《宋学的发展和演变》中指出："从宋仁宗嘉祐初（1056年）到宋神宗元丰末（1085年）的三十年间，是宋学的全盛时期……在这个兴盛时期，先后形成四个学派，即以王安石为首的荆公学派，以司马光为首的温公学派，以苏洵、苏轼、苏辙为核心的苏蜀学派，以及以张载、二程为代表的关洛学派。在这四个学派中，由于荆公学派在政治上得到变法派的支持，称之为官学。自熙丰以来'独行于世者六十年'，学术上亦处于压倒性的优势地位，影响亦最大。"（漆侠著《宋学的发展和演变》，人民出版社2011年6月版281页）其中"独行于世者六十年"是作者转引陈振孙的说法，非常可信。陈振孙说的"六十年"是指从熙宁年间到北宋灭亡。其间元祐几年虽然对新法进行全面破坏和废弃，但对于王安石的学说和思想还没有全面否定。故绍圣年间新学重新成为思想文化的主导。

靖康之变，北宋灭亡。在血雨腥风过后，高宗建立南宋小朝廷。高宗为了掩饰父亲徽宗和哥哥钦宗的历史责任，便把一切后果都推罪给佞臣蔡京所谓的新党集团，因为蔡京、王黼等人又打着王安石变法派的旗号，因此便把北宋灭亡的根源拐弯抹角追溯到王安石身上。高宗出于这种目的，对于王安石进行全面否定，荆公新学从此走向式微。

但是，荆公新学在北宋后期一直占据主导地位，而意识形态并不会随着政治的变化而立即变化，因此在南宋初期还有相当的影响力。

在王安石以及其新学受到朝廷打压的同时，在北宋一直未能占领主导地位的二程的理学，被其弟子，即以"程门立雪"出名的杨时借机广泛宣扬，而高宗也急需一种新的学说取代王安石的荆公新学，于是双方越走越近。到宁宗时，程朱理学天下独尊，而王安石的新学则逐渐退出历史舞台。

王安石的易学研究水平之高在当时是被社会公认的。当年，著名学者程颐对王安石的《易解》很推崇。他在教育学生时曾说过："《易》有百余家，难为遍观。如素未读，且须看王弼、胡先生、荆公三家，理会得文义，且要熟读，然后却有用心处。"（《二程遗书》卷十九）直到晚年，程颐依然坚持这种看法。

王安石的文学思想主张要有补于世，其位列"唐宋八大家"之一，地位不容置疑。王安石的文章以简洁明快，内容充实，议论精辟见长。他的议论文往往"只下一二语便可扫却他人数大段，是何简贵"（刘熙载《艺概注稿》）。他的《答司马谏议书》便可谓是典型，用一百多字的篇幅就回答了司马光三千三百多字长文提出的所有问题，有理有据，干净利落。

他的文章往往直抒胸臆，言简意赅，几句话便揭示出非常深刻的道理，有很强的说服力。许多短文极为精彩，见解独到，入木三分，启人深思。

王安石的文章总体来看，议论高拔精彩，语言简洁犀利，各种文体几乎都是如此。如《伤仲永》《游褒禅山记》，其叙事写景部分没有特别出彩的地方，而篇末的议论发人深省，简明深刻。

王安石的诗歌在北宋有很高地位，尤其是绝句清新高拔，自成一体，被时人称为"半山体"，影响深远。其诗歌以他彻底离开政坛分界为前后两期，前期诗歌体现的正是他"有补于世"的文学主张，用诗歌表达对于社会问题的深切关注和其政治主张。

退出政坛后，其后期的诗歌则充满闲适色彩，或抒写对于社会大好形势的喜悦，或抒写浓厚的友情，或抒写自己闲适愉快的心情，感情色彩明快，语言精练，意境和谐。七绝尤其精彩，如《书湖阴先生壁》："茅檐长扫净无苔，花木成畦手自栽。一水护田将绿绕，两山排闼送青来"；《北山》："北山输绿涨横陂，直堑回塘滟滟时。细数落花因坐久，缓寻芳草得归迟"；《梅花》："墙角数枝梅，凌寒独自开。遥知不是雪，为有暗香来。"

他晚年写作的《拟寒山拾得》诗也颇得其中真味，充满禅机禅趣，他通过阅读佛教经典来消解自己心灵创伤的痛苦，对于《维摩诘经》和《楞严经》领悟颇多。苏东坡说他"少学孔孟，晚师瞿聃"，非常精到。真正儒家的胸怀是很宽广的，宋代正是全面吸收佛学经典的时期，王安石毫不回避自己对于佛学经典的喜爱。

王安石的诗歌成就很高，尤其是晚年作品更是达到了炉火纯青的境界。他的诗受杜甫影响比较大，意境优美，颇有韵味。当时的大诗人苏东坡、黄庭坚诗风都曾受到过他的影响，而以黄庭坚为首的"江西诗派"中的许多作者，也都在不同程度上受到他诗风的浸润。南宋的杨万里对王安石更加推崇。他在所作的诗中说"半山绝句当朝餐"（《读诗》），是说阅读王安石的绝句是一种艺术享受，可以当早饭。"受业初参且半山"（《答徐才谈绝句》），他认为要学作诗，首先应该从学习王安石的绝句下手，要参深悟透。《读唐人及半山诗》一诗说得更明确："不分唐人与半山，无端横欲割诗坛。半山便遣能参透，犹有唐人是一关。"是说参悟透半山体之后，还要学习超越唐诗，才可以达到最高境界。

诗论家严羽在《沧浪诗话》中把王安石的诗确定为"王荆公体"，评价说："公绝句最高，其得意处，高出苏、黄、陈之上。"苏东坡、黄庭坚、陈师道可谓是北宋诗歌成就最高的几个人，从严羽的评价中可以体会出这样的意思，即王安石有些诗是北宋的最高水平。

尾声

　　王安石死去已九百多年，他曾遭受到许多不公正的批评和指责。真正能够理解他功绩，充分肯定他人格的人屈指可数。从历史实际出发，为其打抱不平最有功力者，在清代首推蔡上翔，在近代则首推梁启超，在当代则首推邓广铭。

　　梁启超认为：作为百年不遇的杰出人物，但在其生前被世人指责，死后数代都不能洗刷恶名的，在西方有英国的克伦威尔，在中国则有宋代的王安石。千百年来，王安石被骂作集一切乱臣贼子之大成的元凶。其实，王安石才真正是数千年文明史上少见的人物。

　　写完此书，我的思绪飘向那遥远的宋代，仿佛置身于那场轰轰烈烈的社会改革中，亲眼看到王安石那坚毅的目光，亲耳聆听到他那斩钉截铁的话语，亲身感受到在那如火如荼的改革大潮中百姓们兴奋的心情。敢于对沉闷腐败的社会风气进行大胆的改革，敢于为天下先，对整个社会的政治、经济、文化、教育、军事诸方面进行系统的、全方位的、深刻的改革，这需要何等的勇气和胆略啊！

掩卷深思，我不由产生许多感慨：中国传统的文化中，固然有许多精华，但也有许多值得我们反思的地方。长期的等级制度和残酷的专制制度容易使社会出现一种封闭、保守、停滞、沉闷的状态。因此，凡是敢于打破僵化的局面，进行社会变革的人物都值得敬佩。在这方面，最有代表性的人物就是王安石。

就王安石本人来说，他一生始终以造福天下苍生为己任，以维护百姓的根本利益和推动社会进步为自己变法的终极目标，不怕流俗非议，勇于承担责任，不慕荣利，功成身退，既有坚定的志向又有淡泊名利的情怀。王安石变法确实体现出一个政治家的战略眼光和高瞻远瞩的伟大魄力。可惜的是神宗和群臣都患有严重的"恐辽症"，使王安石压抑郁闷，并因此而下定坚决退隐的决心。

我忽然想到恩格斯在《马克思墓前的讲话》中评价马克思说：马克思因为宣扬共产主义，而遭到资产者、保守派或极端民主派的恶毒攻击、诽谤，但"他对这一切毫不在意，把它们当作蛛丝一样轻轻抹去，只是在万分必要时才给予答复。现在他逝世了，在整个欧洲和美洲，从西伯利亚矿井到加利福尼亚，千百万革命战友无不对他表示尊敬、爱戴和悼念。而我敢大胆地说：他可能有过许多敌人，但未必有一个私敌。"

这种评价也适用于王安石吧。可惜的是王安石并没有引起

"千百万革命战友"的尊敬、爱戴和悼念，甚至在身后还在遭受许多人的丑化、讽刺、诽谤、攻击，令人叹惋。

翻开中国历史看一看，想一想，有过像王安石所领导的如此深刻的社会变革吗？又有谁像王安石这样在最受君主宠爱、事业最隆盛之时坚决辞去一切职务而回家隐居呢？回想荆公一生，觉得梁启超评价其为"真正是数千年文明史上少见的完人"，并非溢美之词。

写到这里，我想用一首短短的韵语来结束本书，也算是对王安石的歌颂，姑且就称作《王安石颂》：

我思古人，安石荆公。举世淫靡，独守古风。毅然变法，富国强兵，两宋最盛，莫过熙宁元丰。高瞻远瞩，致力中兴。指导王韶，西北扩土开疆。直面契丹，坚持寸土必争。有理有利有节，胸有百万雄兵。坚守核心利益，白纸黑字分明。道德高尚，玉洁冰清。一不爱官，摒弃虚荣，六上札子辞相，事业人气最隆，二疏不能专美，有异梅福渊明；二不爱钱，清廉骨梗，浩然正气凛凛，羞煞古今蠹虫；三不爱色，绝无绯闻，妻买美人辞去，不同贾充玄龄。千古知己，梁氏任公。一言判断善恶，三代以来完人。唯仁者能好人，圣人所云。